Die
Reality Creation Methode

von

Frederick E. Dodson

Weitere Bücher von Frederick E. Dodson:

Astralreisen - Das ultimative Trainingshandbuch für alle die schon immer außerkörperliche Erfahrungen machen wollten, *ISBN 978-3-89094-352-7*
Coach dich zum Superstar - Wege zum Superstar - Psychospirituelle und praktische Wege zum Ruhm, *ISBN 978-3-89094-443-2*
Das ultimative Flirttraining - Ein Kurs im Flirten - Ein Trainingshandbuch (nicht nur!) für Männer, *ISBN 978-3-89094-356-5*
High werden ohne Drogen - Ein bewusstseinserweiterndes Handbuch, *ISBN 978-3-89094-363-3*
Illumination des Träumens, *ISBN 978-3-89094-426-5*
Money Magick - Finanzielle Freiheit durch Arbeitsrausch und Geldmagie, *ISBN 978-3-89094-414-2*
Quicklearning - Jede Fremdsprache in 30 Tagen lernen, *ISBN 978-3-89094-641-2*
Zeitreisen - Fernwahrnehmung und Luzides Träumen als Tor zur Unendlichkeit, *ISBN 978-3-89094-413-5*
Energie-Level – Eine spektrale Reise durch die Bewusstseinsebenen, *ISBN 978-3-89094-694-8*
Reality Creation - Die kontrollierte Erschaffung von Realität, Zauberei auf einem Sklavenplaneten, *ISBN 978-3-89094-394-7*
Reality Creation Coaching - Synchronisiere die Welt nach deinen Wünschen, *ISBN 978-3-89094-506-4*
Reality Creation für Fortgeschrittene, *ISBN 978-3-89094-598-9*

Frederick E. Dodson können Sie über die E-Mail-Adresse kontaktieren:
consciousness@realitycreation.org

Die Website von Frederick E. Dodson finden Sie unter: www.realitycreation.org

ISBN 978-3-89094-701-3

Die Reality Creation Methode

von

Frederick E. Dodson

Inhaltsverzeichnis

Vorwort

Du hältst das vierte Buch der Reality Creation Serie in den Händen. Dieses Buch baut auf das vorherige „Reality Creation für Fortgeschrittene“ auf. Es ist vorwiegend ein Praxisbuch, das die *Reality Creation Methode* im Detail präsentiert.

Die Entscheidung

Um sofort mit der Erschaffung der Wirklichkeit zu beginnen, suche dir bitte eines deiner Ziele aus und formuliere es als eine Absicht in der Gegenwartsform. Benutze dabei eine Formulierung die mit „Ich erlaube…“ beginnt. Beispiele:

„Ich erlaube mir, jeden Monat 10 000 Euro mit Leichtigkeit zu haben.“

„Ich erlaube mir, diese Woche meinen Traumpartner kennen zu lernen.“

„Ich erlaube mir, heute den Auftrag zu bekommen.“

„Ich erlaube mir, ein glücklicher, entspannter Mensch zu sein.“

Zur Veranschaulichung der Reality Creation Methode benutze ich nachfolgend

„Ich erlaube mir jeden Monat 10 000 Euro mit Leichtigkeit zu haben.“

Sprich deine Absicht mal **laut** aus.

Sprich deine Absicht **noch mal** aus.

Wie fühlt es sich an? Du solltest dir sicher sein, dass das auch wirklich deine Absicht ist. Wenn du gerade ein Zögern oder mulmiges Gefühl bei der Sache hattest, dann wähle eine andere Absicht oder formuliere sie um.

Denn wenn du einmal ausgewählt hast, was deine Absicht ist, darfst du innerhalb der *Reality Creation Methode* die Formulierung nicht mehr verändern, nicht mehr von deiner Intention wegkommen. du bleibst bei dem, was du heute auswählst, egal was kommt. Es handelt sich also nicht mehr um einen bloßen Wunsch oder ein Ziel, sondern um eine ***fixe Entscheidung***.

Wenn du etwas fest entschieden hast und gewillt bist, dich *von ganzem Herzen* darauf einzulassen, ist das schon „die halbe Miete“ zur Erfüllung des Ziels. Wenn du gegenüber deinem Wunschziel keine solche Verpflichtung eingehen magst, dann ist es nicht *wirklich* dein Ziel, nicht wirklich das, was deine Seele möchte. Mit halbherzigen Zielen verschwendest du eigene Zeit. Finde also heraus ***was du wirklich willst***, bevor du die Methode benutzt.

Sobald du also definiert hast, was du willst, ***sprich es*** noch mal aus, aber diesmal ***als Entscheidung***.

„Ich erlaube mir, jeden Monat 10 000 Euro mit Leichtigkeit zu haben."

Es ist ein großer Unterschied, ob du dir etwas nur wünschst oder dich auch dafür entscheidest. **Eine Entscheidung impliziert**, dass du dir sicher bist, dass es so ist.

Ich empfehle dir an dieser Stelle eine Lesepause zu machen, um über das was gesagt wurde, nachzudenken. Dieses Buch wird am besten ***als Anregung zur Kontemplation*** und Praxis verwendet, nicht als Unterhaltungs- oder Konsummittel.

Der Widerstandsgrad

Was du wissen solltest, bevor du dich ganz fix für eine Formulierung entscheidest:

Je höher du das Ziel ansetzt, desto stärker ist der Widerstandsgrad, je niedriger du das Ziel ansetzt, desto geringer der Widerstandsgrad. Für Anfänger ist es sinnvoll, etwas niedriger anzusetzen.

Hier verschiedene Schwierigkeitsstufen einer Beispielaussage:

„Ich tue das was nötig ist, um jeden Monat 100 Euro zu verdienen."

„Ich tue das was nötig ist, um jeden Monat 500 Euro zu verdienen."

„Ich tue das was nötig ist, um jeden Monat 1000 Euro zu verdienen."

„Ich erlaube mir, jeden Monat 1000 Euro zu verdienen."

„Ich erlaube mir, jeden Monat 2000 Euro zu verdienen."

„Ich erlaube mir, jeden Monat 3000 Euro zu verdienen."

„Ich erlaube mir, jeden Monat 3000 Euro zu haben."

„Ich erlaube mir, jeden Monat mit Leichtigkeit 3000 Euro zu haben."

„Ich erlaube mir, jeden Monat mit Leichtigkeit 5000 Euro zu haben."

„Ich erlaube mir, jeden Monat 10 000 Euro zu haben."

„Ich habe jeden Monat 100 000 Euro."

„Ich habe jeden Monat mindestens 1 000 000 Euro."

Normalerweise ist es so, dass je höher das Ziel angesetzt ist, desto mehr Einwände, Zweifel, Blockaden, Hürden, Probleme auftauchen – sowohl emotional, als auch in der physischen Realität. Das ist ganz normal. Je höher ein zu besteigender Berg ist, desto weiter und steiniger der Weg.

Wenn du keine Probleme im Leben haben willst, dann habe keine Ziele und Absichten. Leben ohne Wünsche ist Leben in meditativer Ruhe. Wenn dir jedoch in deiner Wonne langweilig wird, dann setze wieder Ziele. ***Ziel und Problem gehen Hand in Hand***, sind zwei Seiten der gleichen Münze. Jedes Mal, wenn du ein Ziel definierst, kreierst du gleichzeitig eine Trennung zwischen dem Ist- und dem Wunsch-Zustand.

Die *Reality Creation Methode* lädt dich ein, härter im Nehmen zu sein, mehr auszuhalten, stärker zu werden. Wenn die Schwelle dessen, was du erträgst zu niedrig ist oder du schon bei jeder Kleinigkeit emotional zusammenbrichst, ist die *Reality Creation Methode* nichts für dich.

Die Methode fordert geradezu Probleme heraus, wohl erkennend, dass diese ein wichtiger Bestandteil des Ziels sind, dass es ohne diese Hürden auch keine Zielerreichung gibt. Anwender der Methode können also nicht nur mit Problemen gut umgehen, sie heißen diese sogar *begeistert* willkommen, denn sie verstehen, dass erst der Weg hindurch das Problem der Weg hinaus und zum Ziel ist. Der Bulle bewacht das Tor zum Ziel.

Der Reality Creator rennt nicht vor dem Bullen weg, sondern packt ihn bei den Hörnern und reitet ihn direkt zum Ziel.

Wenn du deine Ziele zu hoch ansetzt, ist das ein Hinweis darauf, dass du entweder

- nicht wirklich vorhast, Erfolg zu haben;
- nicht wirklich vorhast, Verantwortung für dein Leben zu übernehmen (und bequem sagen kannst „Ich hab's versucht, aber es hat nicht geklappt.“)
- oder dich selbst überschätzt (Ego-Phantasien darüber, wie toll du bist).

Wenn du deine Ziele zu niedrig ansetzt, ist das ein Hinweis darauf, dass du entweder

- feige bist oder nicht an dich glaubst;
- Angst vor deiner Macht hast
- oder dich selbst unterschätzt (Ego-Phantasien darüber, wie minderwertig du bist).

Setzt du deine Ziele genau richtig an, entsteht Flow. Sind sie hoch genug angesetzt, bist du inspiriert und richtig gefordert. Zu niedrig angesetzt, erzeugt das keinen Enthusiasmus (= Energie, die nötig ist, um etwas zu erreichen), zu hoch angesetzt erzeugt das Überforderung. ***Es ist wichtig, dass du dich selbst, deinen Körper und Geist gut „fühlen“ kannst.*** Viele können nicht richtig fühlen, wenn sie überfordert sind – und greifen dann zu Drogen, Essen und Zeitverschwendungen. Oder sie sind erschöpft und wissen nicht warum. Andere können nicht richtig fühlen, wenn sie unterfordert sind – und greifen zu ähnlichen Ablenkmethoden.

Die Art der Überforderung, von der wir hier sprechen, muss nicht sofort offensichtlich sein. Wenn du beispielsweise als jemand, der monatlich 300 € macht, sprichst „Ich bin jetzt Millionär“, kann das sehr subtile Auswirkungen auf dein Nervensystem und deine Gesundheit haben, die du gar nicht als Resultat deines Zieles wahrnimmst. Deshalb ist es immer gut darauf zu schauen, ***was dein Körper sagt***, wenn du bestimmte Absichten auswählst. ***Achte auf das erste Gefühl,*** wenn du ein Ziel auswählst. Es kann sein, dass später, wenn Schwierigkeiten auftauchen, ebenfalls ein unangenehmes Gefühl auftaucht, das hat aber dann nichts damit zu tun, dass das Ziel für dich nicht in Ordnung ist, sondern mit den Einwänden zum Ziel. Ob ein Ziel für dich richtig ist, spürst du ganz am Anfang, sobald du dich dafür entscheidest. Der Körper ist manchmal von Dingen überfordert, von denen der Intellekt nicht überfordert ist. Und umgekehrt.

Zusammengefasst: ***Suche dir ein Ziel in deiner Liga aus.*** Wenn 3000 € dein bisheriges monatliches Einkommen war, dann wären 5000 € jetzt die richtige Stufe. Wenn du abnehmen willst und du wiegst 80, dann sollte dein erstes Ziel 75 und nicht 55 sein. Fortgeschrittene Benutzer der Methode können höher ansetzen, weil sie wissen, welche Hürden zu erwarten sind.

Fokussieren

Die Realität, die am häufigsten oder am längsten fokussiert oder wiederholt wird, gewinnt. Neue Fakten ersetzen nach und nach alte Fakten, wenn diese neuen Fakten oft genug demonstriert werden. ***Mit der Reality Creation Methode geht es darum, deine Absicht so lange zu fokussieren, bis sie sich als Realität manifestiert.***

Es gibt nur einen einzigen Grund für Misserfolg: Aufzugeben.

99 % der Menschheit gibt zu leicht auf. Jemand stellt eine kleine Hürde in den Weg oder kritisiert das Ziel und das genügt schon, dass sie von ihrem Weg abkommen. Bei manchen ist es so chronisch, dass schon die leiseste Schwierigkeit zu einem emotionalen Zusammenbruch führt.

In der normalen Welt gibt es viele Gründe aufzugeben, aufzuhören, vom Ziel abzukommen, „was anderes zu probieren“. Im *Reality Creation* gibt es überhaupt keinen Grund aufzuhören, nicht einen einzigen. Man bleibt beim Ziel, egal was kommt. Um es dramatischer, mit den Worten Shakespeares zu formulieren: „*Glaube glaubt bis zum Rande der Verdammnis.*“ Auch wenn alles aussichtslos und verloren erscheint, und ***auch wenn sich Beweise für das Scheitern des Projektes türmen, bleibt der Reality Creator unbeirrbar beim Ziel.*** Das ist eine Art Extremismus, ein Fanatismus. In der Welt ist Fanatismus meist auf fremde Ziele bezogen, politische und religiöse Ziele, die nicht von dir, sondern von anderen vorgegeben wurden. Bezogen auf deine eigenen Ziele hat Fanatismus wesentlich positivere Auswirkungen. Dein Enthusiasmus und deine Passion reißen andere mit!

**Fokussieren bedeutet,
dass du dir jeden Tag deines Ziels bewusst bist,
nicht nur an Neujahr.**

Gedankliches Fokussieren würde bedeuten, dass man sich jeden Tag die Erreichung der erwünschten Realität vorstellt oder gar dreidimensional und farbig vor dem geistigen Auge visualisiert. Vorzugsweise beim Aufstehen und beim Zubettgehen.

Verbales Fokussieren würde bedeuten, dass man die Absicht jeden Tag ausspricht. Fünfmal, zehnmal, zwanzigmal, hundertmal, je nachdem wie es sich richtig anfühlt. Es wäre jedoch besser, die Absicht nicht herkömmlich als „Affirmation" zu wiederholen, denn einer solchen „kaputten Schallplatte" mangelt es an Bewusstsein und Ganzherzigkeit. Wenn du die Absicht beispielsweise zwanzigmal an einem Tag aussprichst, wäre es besser diese 20-mal *über den Tag verteilt* auszusprechen. Warum? Weil die Aufmerksamkeit über den Tag häufig von deinen eigentlichen Zielen wegdriftet und durch das erneute Aussprechen wieder ausgerichtet wird. Das ist besser, als wenn du es zwanzigmal am Stück aussprichst und dich für den Rest des Tages in Dingen verlierst, die nichts mit dem Ziel zu tun haben.

Kannst du es aussprechen, während du andere Dinge tust, z. B. beim Abspülen? Meine Antwort darauf ist „Nein". ***Die Reality Creation Methode lehrt keine Affirmation, wo man etwas halb-bewusst vor sich hinsagt.*** Wenn dir dein Ziel wichtig genug ist, nimmst du dir extra Zeit nur dafür. So würdest du dich beispielsweise ganz bewusst auf das Sofa setzen oder legen und die Absicht ganz bewusst als Entscheidung aussprechen. Während der Autofahrt kannst du es machen, sofern es bewusst geschieht und nicht in ein Nebenher-daherreden ausartet.

Verbales Fokussieren deines Ziels kann auch bedeuten, dass du nicht nur die Absicht aussprichst, sondern ganz allgemein positiv über das Ziel redest oder sogar so redest, als hättest du das Ziel schon erreicht. Mehr darüber später.

Schriftliches Fokussieren würde bedeuten, dass du darüber schreibst, oder die Absicht aufschreibst, oder so schreibst, als hättest du sie erreicht.

Physisches Fokussieren bedeutet Handlung und Aktion, so dass diese im Einklang mit deinen Absichten sind. Im Gegensatz zu herkömmlichen Lehren ist das Handeln jedoch nicht der Hauptfaktor in der Zielerreichung. Auch darüber später mehr.

Es wäre wieder ein guter Zeitpunkt, eine Lesepause zu machen und darüber nachzudenken, was gesagt wurde – oder das eine oder andere in die Praxis umzusetzen. Heutzutage, in Zeiten der Informationsüberflutung, ist es leicht und einfach, Worte zu überfliegen, ohne tiefer über diese nachgedacht zu haben. Bitte tue das nicht. Gehe langsam und genüsslich vor. Gebe dir Zeit das Gelesene zu verarbeiten oder Notizen zu machen.

Absicht und Einwand

Die *Basis Reality Creation Methode* funktioniert wie folgt:

1. Sprich die **A**bsicht aus.
2. Sprich den **E**inwand aus.
3. Wechsle zwischen Absicht und Einwand so lange hin und her, bis Einwände nicht mehr spontan auftauchen.

Nachfolgend ein Beispiel direkt aus der Praxis. In Klammern meine Kommentare.

„Ich erlaube mir, monatlich 10 000 € mit Leichtigkeit zu haben.“[A]

„Ach so ein Quatsch, das wird nichts.“[E]

„Ich erlaube mir, monatlich 10 000 € mit Leichtigkeit zu haben.“[A]

„Nee, das wird nichts, glaub ich nicht.“

„Ich erlaube mir, monatlich 10 000 € mit Leichtigkeit zu haben.“

„Ich sage, ich glaub's einfach nicht. Ist eine blöde Übung.“

„Ich erlaube mir, monatlich 10 000 € mit Leichtigkeit zu haben.“

„Keine Ahnung, ob das so wird. Schön wär's.“

„Ich erlaube mir, monatlich 10 000 € mit Leichtigkeit zu haben.“

„Es ist immer noch der gleiche Einwand da – ich glaub's nicht.“

„Ich erlaube mir, monatlich 10 000 € mit Leichtigkeit zu haben.“

„Ich glaube es immer noch nicht – da kann ich das noch Millionen mal wiederholen, das bring nichts!“

„Ich erlaube mir, monatlich 10 000 € mit Leichtigkeit zu haben.“

„Wie soll denn das Geld kommen, nur indem ich die Absicht ausspreche? So ein Esoterik-Müll!“

(Die Stimmung zu Beginn der Sitzung war Apathie, mittlerweile ist die Stimmung zu Wut hochgestiegen.)

„Ich erlaube mir, monatlich 10 000 € mit Leichtigkeit zu haben.“

„Ich versuch solche Scheiß-Methoden schon seit Ewigkeiten, der Scheiß funktioniert einfach nicht!!!“

„Ich erlaube mir, monatlich 10 000 € mit Leichtigkeit zu haben.“

„Der Scheiß funktioniert nicht!“

(Hier tauchte ein Seufzer auf, der auf ein Loslassen hinweist.)

„Ich erlaube mir, monatlich 10 000 € mit Leichtigkeit zu haben.“

„Wie denn? Wie soll das funktionieren?“

„Ich erlaube mir, monatlich 10 000 € mit Leichtigkeit zu haben.“

„OK, und wenn – man muss dafür auch was tun.“

„Ich erlaube mir, monatlich 10 000 € mit Leichtigkeit zu haben.“

„Ich müsste dafür auch was tun. Zu dumm, dass ich nicht weiß was ich tun soll.“

(Hier bricht zum ersten Mal Traurigkeit auf, Tränen. Die Sitzung wird erst nach einer 5-minütigen Pause fortgesetzt.)

„Ich erlaube mir, monatlich 10 000 € mit Leichtigkeit zu haben.“

„Das wäre echt schön. Wäre echt der Wahnsinn.“

„Ich erlaube mir, monatlich 10 000 € mit Leichtigkeit zu haben.“

„Schön wär's.“

„Ich erlaube mir, monatlich 10 000 € mit Leichtigkeit zu haben.“

„Ich erlaube mir, monatlich 10 000 € mit Leichtigkeit zu haben.“

„Ich erlaube mir, monatlich 10 000 € mit Leichtigkeit zu haben.“

(An dieser Stelle beenden wir die Sitzung für heute und machen am nächsten Tag mit der gleichen Absicht weiter. Es wurde ein kleiner emotionaler Durchbruch zum Thema erreicht, aber man kann die Methode noch viel tiefer führen.)

„Ich erlaube mir, monatlich 10 000 € mit Leichtigkeit zu haben.“

Der Gedanke, der spontan auftaucht, ist wieder: “Wie? Wie soll das gehen?“

(Es dürfen Gedanken so oft auftauchen, wie sie wollen. Sie werden so oft anerkannt und verbalisiert, wie sie auftauchen. Sie sind erst dann weg, wenn sie weg sind – sie zu unterdrücken, hält sie nur länger am Leben.)

„Ich erlaube mir, monatlich 10 000 € mit Leichtigkeit zu haben."

„Ja, wie denn?"

„Ich erlaube mir, monatlich 10 000 € mit Leichtigkeit zu haben."

„Wie?"

„Ich erlaube mir, monatlich 10 000 € mit Leichtigkeit zu haben."

„Wie, wie, wie? Woher? Kommt ja nicht von allein!"

„Ich erlaube mir, monatlich 10 000 € mit Leichtigkeit zu haben."

„Ich hätte ja nichts dagegen."

(An dieser Stelle wurde gelacht, ein Hinweis auf ein weiteres Loslassen innerer Begrenzungen.)

„Ich erlaube mir, monatlich 10 000 € mit Leichtigkeit zu haben."

„Ich würde das schon erlauben, ja!"

(Das Lachen hat die Stimmung/Einstellung verändert. Es war eine gute Sitzung, also machen wir an dieser Stelle eine Pause und setzen in ein paar Tagen fort. Zum Abschluss einer Sitzung wird die Absicht noch ein paar Mal ohne Einwände ausgesprochen.)

„Ich erlaube mir, monatlich 10 000 € mit Leichtigkeit zu haben."

„Ich erlaube mir, monatlich 10 000 € mit Leichtigkeit zu haben."

„Ich erlaube mir, monatlich 10 000 € mit Leichtigkeit zu haben."

(Wir treffen uns ein paar Tage später und der Coaching-Teilnehmer erzählt mir, dem Coach, was mittlerweile zum Thema Geld vorgefallen ist. Ich bitte die Person, das auch in die Sitzung mit einzubauen, wenn es spontan als Gedanke hochkommt.)

„Ich erlaube mir, monatlich 10 000 € mit Leichtigkeit zu haben."

„Ich bin ein bisschen zuversichtlicher. Allerdings ist noch nicht viel passiert. Ich hab sogar ein bisschen Geld verloren.“

„Ich erlaube mir, monatlich 10 000 € mit Leichtigkeit zu haben.“

„Wenn das hier funktionieren würde, müsste doch schon was passiert sein, oder? Ich bin ungeduldig.“

(Ungeduld steht auf einer Zustands-Skala über Apathie, Traurigkeit, Angst, Wut, aber deutlich unter Zuversicht. Ungeduld weist auf ein Mangelgefühl hin.)

„Ich erlaube mir, monatlich 10 000 € mit Leichtigkeit zu haben.“

„Ich habe mir gerade überlegt, was ich mit dem Geld alles mache.“

(Ein gutes Zeichen! Die Person bewegt sich in der Skala langsam in Richtung Zuversicht.)

„Ich erlaube mir, monatlich 10 000 € mit Leichtigkeit zu haben.“

„Aber es ist halt nicht so.“

„Ich erlaube mir, monatlich 10 000 € mit Leichtigkeit zu haben.“

„Vielleicht sollten wir eine andere Übung probieren. Oder vielleicht sollte ich einen gescheiten Job suchen gehen, in dem ich überhaupt so viel verdienen kann!“

(Wenn Ideen, wie z. B. Jobsuche auftauchen, ist das OK. Es ist ein Zeichen mittlerer Bewusstseinsstufen. Wenn diese Dinge jedoch als etwas auftauchen, was man anstelle oder anstatt der *Reality Creation Methode* machen sollte, ist das nur eine weitere von Hunderten von Ablenkungen/Ausreden, nicht fokussiert zu bleiben. Dabei geht es nicht darum, dass die *Reality Creation Methode* „das einzig Wahre“ ist, sondern darum, dass Menschen auf der Zielgeraden immer aussteigen, bevor sie ihr Ziel erreichen. Und das Aussteigen wird von negativen Emotionen verursacht. In diesem Fall ist es wahrscheinlich Langeweile und aufgrund der Langeweile möchte der Coaching-Teilnehmer „etwas anderes machen“. Würde ich ihm als Coach erlauben, jetzt etwas anderes zu machen, würde sich das Muster in seinem Leben fortsetzen und er würde immer „etwas anderes machen“ als sein Ziel zu verfolgen.)

„Ich erlaube mir, monatlich 10 000 € mit Leichtigkeit zu haben.“

„Können wir was anderes machen? Ich habe keine Lust mehr.“

(Ich erkläre ihm, dass das ein typischer Einwand in der Zielverfolgung ist und, dass es bei der Übung gerade darum geht alle Hürden vorwegzunehmen, so auch diese.)

„Ich erlaube mir, monatlich 10 000 € mit Leichtigkeit zu haben.“

„Naja, mal sehen.“

„Ich erlaube mir, monatlich 10 000 € mit Leichtigkeit zu haben.“

„Mal sehen.“

„Ich erlaube mir, monatlich 10 000 € mit Leichtigkeit zu haben.“

„Das wird sich herausstellen.“

„Ich erlaube mir, monatlich 10 000 € mit Leichtigkeit zu haben.“

„Das macht mich richtig müde. Was, wenn nicht? Ich habe Schulden. Ich glaube, ich flüchte mich mit dieser Übung in eine Phantasiewelt.“

(Auf der Zustands-Skala ist dies ein Rückfall zu Traurigkeit, was bedeutet, dass es hier noch einiges aufzuarbeiten gibt.)

„Ich erlaube mir, monatlich 10 000 € mit Leichtigkeit zu haben.“

„Eine Phantasiewelt ist das.“

„Ich erlaube mir, monatlich 10 000 € mit Leichtigkeit zu haben.“

„Schön, und dann?“

„Ich erlaube mir, monatlich 10 000 € mit Leichtigkeit zu haben.“

„Ja und dann? Was nützt mir das Geld, wenn ich mich so schlecht fühle, wie ich mich jetzt gerade fühle. Mir wird klar, dass es mir eigentlich nicht um Geld geht, sondern um Liebe – ich wünschte ich wäre mit jemand zusammen. Das wäre mehr wert als alles andere in der Welt. Seit ich mich von meiner Ex getrennt habe.“

Stopp!!!!!!!!!!!!!!!!!!!!!!!!!!!!!!!!!!!

(Ich weise mit einer Handbewegung daraufhin, zu stoppen und zur Absicht zurückzukehren. Zuviel Zeit mit Geschichtenerzählung und Rechtfertigung des Einwands zu verbringen, ist nicht im Sinne der *Reality Creation Methode*. Wir wollen lediglich den Müll hoch holen und wegwerfen (loslassen), nicht analysieren oder darin herumwühlen. Verliere dich nicht in Geschichten, bleibe bei der Übung.)

„Ich erlaube mir, monatlich 10 000 € mit Leichtigkeit zu haben.“

„OK, es fühlt sich schon stärker an als am Anfang.“

„Ich erlaube mir, monatlich 10 000 € mit Leichtigkeit zu haben.“

„Ich sollte noch etwas über diese Methode lesen.“

(Es ist sehr weit verbreitet, lieber etwas über Zielerreichung zu lesen, als das Ziel an sich zu fokussieren.)

„Ich erlaube mir, monatlich 10 000 € mit Leichtigkeit zu haben.“

„Momentan taucht spontan ein Einwand auf.“

„Ich erlaube mir, monatlich 10 000 € mit Leichtigkeit zu haben.“

„Momentan taucht kein Einwand auf.“

„Ich erlaube mir, monatlich 10 000 € mit Leichtigkeit zu haben.“

„Kann es wirklich so leicht sein?“

„Ich erlaube mir, monatlich 10 000 € mit Leichtigkeit zu haben.“

„Kann es wirklich so leicht sein?“

„Ich erlaube mir, monatlich 10 000 € mit Leichtigkeit zu haben.“

„Hm.“

„Ich erlaube mir, monatlich 10 000 € mit Leichtigkeit zu haben.“

„Momentan ist kein Einwand da.“

(Wenn keine spontanen Einwände auftauchen, beendet man die Sitzung. Es hat keinen Zweck nach Einwänden zu suchen – die Fähigkeit des Verstandes, Einwände zu *finden*, ist *unbegrenzt*, und wenn man nach Problemen sucht, findet man sie auch. Bei der Reality Creation Methode geht es nicht darum „alle Einwände aufzulösen“, sondern lediglich die Aufmerksamkeit soweit unter Kontrolle zu haben, dass diese unser Bewusstseinsfeld nicht dominieren. Einwände und Probleme lassen sich genauso wenig auflösen, wie die Bergsteine auf dem Weg zum Gipfel. Was sich jedoch erreichen lässt ist, dass sie deine Wahrnehmung und dein Befinden nicht kontrollieren.)

(Nach einer Woche erkundigte ich mich bei dem Coaching-Teilnehmer, wie es ihm ging. Seine Antwort war „es ist noch nichts passiert“ und, dass er „frustriert“ sei. Anstatt diese lediglich als Einwände zu seiner Absicht zu behandeln, tat er so, als seien das unverrückbare Realitäten. Und so setzten wir unsere Sitzung fort, mit dem Verständnis, dass das nichts weiter als ***Hürden auf dem Weg zum Ziel sind***, ja geradezu ***notwendige*** **Steine** ***über die man steigen muss, um anzukommen***.)

Entweder bleibst du beim Ziel
oder du verbringst dein Leben
im Bewusstsein,
dass du aufgegeben hast.

„Ich erlaube mir, monatlich 10 000 € mit Leichtigkeit zu haben.“

„Ach, nicht schon wieder. Hat schon letztes Mal nicht funktioniert.“

„Ich erlaube mir, monatlich 10 000 € mit Leichtigkeit zu haben.“

„Ach, wer's glaubt. Ich habe nun mehrere Stunden mit dieser Übung verbracht und gebracht hat es nichts.“
(Die Person befindet sich zum Thema wieder ganz unten, bei Apathie.)

„Ich erlaube mir, monatlich 10 000 € mit Leichtigkeit zu haben.“

(Es gibt eine Zeitlang keine Antwort. Eine Coaching-Sitzung funktioniert so, dass ich als Coach frage „Absicht?“ und die wird genannt. Nach einer Pause von 5-10 Sekunden frage ich dann „Einwand?“ und der Teilnehmer nennt ihn. Diesmal kam nach der Einwands-Frage keine Antwort. Mit einem Coach ist es wesentlich leichter dranzubleiben, doch für Solo-Anwender ist es wichtig zu wissen, dass es alle nur erdenklichen Phänomene gibt, die versuchen dich abzulenken. Also frage ich hier noch mal: „Absicht?“ und diesmal kommt die Antwort:)

„Ich erlaube mir, monatlich 10 000 € mit Leichtigkeit zu haben.“

(Nach einer Pause:) „Ich fühle mich plötzlich sehr schwer und müde. Ich glaube, ich könnte auf der Stelle einschlafen.“

(Ein Einwand muss nicht immer gedanklich sein. ***Körperliche und geistige Zustände***; *die sich während der Übung manifestieren,* ***sind ebenfalls Einwände***. Physikalische Ereignisse können ebenfalls Einwände sein. Ich erinnere mich an einen Fall, wo jemand, der mit mir in einer Geld-Absichtsübung, wo es um ein Problem mit dem Finanzamt ging, genau in diesem Moment ein Einschreiben per Post von genau dort erhielt. „Physikalische Einwände“ können auch außerhalb der Übung auftreten.)

In der Tat ist *alles* was passiert und nicht der Absicht entspricht, eigentlich ein Einwand. Das ist die ***Philosophie der Reality Creation Methode.***

Alles was nicht der beabsichtigten Realität entspricht, ist ein Einwand.

Wenn also der Kreierende müde wird, ist das ein Teil des Themas, ein Teil der Übung, dazugehörend. Es gibt überhaupt nichts, was nicht dazugehört. Wenn die Person zum Beispiel sagen würde „Können wir später weitermachen, ich werde müde“ kann man das durchaus machen, sofern man erkennt, dass es eine typische Blockade zur Zielerreichung ist (das müde werden). Man kann es einfach als Einwand behandeln und weitermachen. Oft frage ich als Coach „Kennst du das aus deinem Leben?“ oder in diesem Fall „Kennst du es aus deinem Leben, dass du müde wirst, anstatt beim Ziel zu bleiben?“

„Ich erlaube mir, monatlich 10 000 € mit Leichtigkeit zu haben.“

Ich bin wirklich sehr müde.

(In diesem Fall ließ ich ihn ein Nickerchen halten. Abwehr hätte nur noch zu mehr Müdigkeit geführt. Nach einer Stunde war er wieder frisch und munter.)

„Ich erlaube mir, monatlich 10 000 € mit Leichtigkeit zu haben."

Kein Einwand.

„Ich erlaube mir, monatlich 10 000 € mit Leichtigkeit zu haben."

Vielleicht sollte ich den Betrag reduzieren.

„Ich erlaube mir, monatlich 10 000 € mit Leichtigkeit zu haben."

Vielleicht sollte ich ihn wirklich reduzieren.
(Wie bereits erwähnt, ist bei der *Reality Creation Methode* keine Veränderung des Ziels im Nachhinein möglich – der Wunsch die Absicht zu reduzieren ist nur ein weiterer Einwand.)

„Ich erlaube mir, monatlich 10 000 € mit Leichtigkeit zu haben."

Kein Einwand.

„Ich erlaube mir, monatlich 10 000 € mit Leichtigkeit zu haben."

Ich habe keine Einwände mehr.

„Ich erlaube mir, monatlich 10 000 € mit Leichtigkeit zu haben."

Ich habe wirklich keine Einwände mehr.

(Ich fragte ihn hier, ob die 10 000 € manifest sind oder ob er deutlich fühlen kann, dass sie auf dem besten Weg zu ihm sind. Seine Antwort war „Nein" – demnach hat er noch Einwände, nimmt sie nur momentan nicht bewusst wahr – obgleich „Nein" bereits ein Einwand ist.)

„Ich erlaube mir, monatlich 10 000 € mit Leichtigkeit zu haben."

Ich habe zwar keine Einwände, aber auch noch kein Geld.
(Lachen ist hier ein Hinweis, dass auch dieser Einwand überwunden wurde.)

„Ich erlaube mir, monatlich 10 000 € mit Leichtigkeit zu haben."

„Wie denn, wie soll ich das schaffen?"

(Obwohl es sein könnte, dass dieser alte Einwand wieder auftaucht, frage ich ihn, ob das wirklich der Einwand ist – ob es dazu noch eine emotionale Ladung in ihm gibt. Es gibt keinen. Also bitte ich ihn darum, keine Einwände zu erfinden, sondern nur solche zu nehmen, die wirklich da sind.)

„Ich erlaube mir, monatlich 10 000 € mit Leichtigkeit zu haben."

Ich habe momentan nichts, keine Einwände.
(Ich frage ihn, ob irgendein Gedanke aufgetaucht ist, er verneint.)

„Ich erlaube mir, monatlich 10 000 € mit Leichtigkeit zu haben."

Ich fühle mich gut damit. Es taucht eine leichte Vorfreude auf.

„Ich erlaube mir, monatlich 10 000 € mit Leichtigkeit zu haben."

Leichte Vorfreude ist da.

(Das Thema ist zum ersten Mal auf der Energie-Ebene kreiert. Das bedeutet, dass es nur eine Frage der Zeit ist, bis es sich als physische Realität – hier, als 10 000 € auf dem Bank-Konto – manifestiert. Wir machen hier eine Pause. Es geht jedoch immer noch tiefer und intensiver, weshalb wir in 3 Tagen weitermachen.)

(Drei Tage später…)

„Ich erlaube mir, monatlich 10 000 € mit Leichtigkeit zu haben."

Mir wurden mittlerweile 500 € gestohlen! Es wird nicht besser, sondern schlechter!!!!
(Alle Ereignisse, die passieren, werden als Teil des Absicht-Einwand-Prozesses gewertet. Die Reality Creation Methode besagt, dass *alles* was passiert, nachdem man eine Absicht definiert hat, eine „Botschaft des Universums" im metaphysischen Sinne ist. Vermutlich wären ihm keine 500 € gestohlen worden, hätte er erst gar nicht mit der Absicht begonnen. Negative Ereignisse sind wie „Tests", die unsere Entschlossenheit herausfordern. Es ist, als ob das Leben sagt „Glaubst du wirklich, dass du mit Leichtigkeit 10 000 € hast? Dann dürfte dir dieser Verlust von 500 € nichts ausmachen." Solange es dir jedoch was ausmacht, bist du noch mit Einwänden statt mit deiner Absicht in Einklang.)

„Ich erlaube mir, monatlich 10 000 € mit Leichtigkeit zu haben.“

Gestohlen! 500 € einfach weg.

„Ich erlaube mir, monatlich 10 000 € mit Leichtigkeit zu haben.“

OK.

„Ich erlaube mir, monatlich 10 000 € mit Leichtigkeit zu haben.“

OK, ich fühle mich schon besser; wieder auf die Absicht ausgerichtet.

„Ich erlaube mir, monatlich 10 000 € mit Leichtigkeit zu haben.“

Ich habe es jetzt so oft fokussiert, ich glaube es auch langsam.

(Auf der Zustands-Skala ist „Akzeptanz“ noch höher als Hoffnung. Der Körper und Verstand akzeptieren allmählich die neue Realität.)

„Ich erlaube mir, monatlich 10 000 € mit Leichtigkeit zu haben.“

So richtig da ist das Geld aber noch nicht.

„Ich erlaube mir, monatlich 10 000 € mit Leichtigkeit zu haben.“

Ich spüre, dass es irgendwie da ist, aber real ist es noch nicht da. Schwer zu erklären.

„Ich erlaube mir, monatlich 10 000 € mit Leichtigkeit zu haben.“

Ich habe das Gefühl, dass das Geld schon da ist, dass es mir gehört, dass ich ein Anrecht darauf habe.

(Das sind auf der Zustands-Skala sehr hochstehende „Einwände“ – es geht dennoch höher.)

„Ich erlaube mir, monatlich 10 000 € mit Leichtigkeit zu haben.“

Da ist jetzt ein Gefühl der Freude da – wie ein Durchbruch. Die 500 € machen mir überhaupt nichts mehr aus. Ich fühle mich sehr leicht und stark.

„Ich erlaube mir, monatlich 10 000 € mit Leichtigkeit zu haben.“

Ja, so ist es.

„Ich erlaube mir, monatlich 10 000 € mit Leichtigkeit zu haben.“

(Wir haben hier die Sitzung beendet, mit gutem Resultat. Wir trafen uns einen Monat später und er erzählte mir, dass sein Einkommen tatsächlich gestiegen war und dass er neue Aufträge hatte. Er hatte in diesem Monat 6000 € gemacht, sein Durchschnitt war 3000 €. Ich erklärte ihm dass 6000 € keine 10 000 € sind und wir die Sitzung fortsetzen sollten. Der letzte Trick des Verstandes, die letzte Hürde vor dem Ziel ist der Erfolg selbst – aber nicht der Erfolg, den man sich ursprünglich wünschte – sondern ein geringerer, auf dem man sich angeblich „ausruhen kann“. Fokus, Beständigkeit und Disziplin führen zum Erfolg und doch führt Erfolg oft zum Mangel an Disziplin und Fokus. Die Reality Creation Methode empfiehlt, sich keinesfalls auf den Lorbeeren auszuruhen, sondern weiterzumachen bis die Absicht auch tatsächlich erfüllt ist. 6000 € sind keine 10 000 € und noch weniger sind es jeden Monat mindestens 10 000 €. Auch stellte sich heraus, dass der Coaching-Teilnehmer seine 6000 € nicht „mit Leichtigkeit“ erreicht hatte, sondern nur indem er seine Familie den ganzen Monat lang ignoriert hat. Erfolg auf Kosten der Gesundheit oder Familie oder anderen Dingen ist jedoch kein Erfolg im Reality Creation Sinne.)

„Ich erlaube mir, monatlich 10 000 € mit Leichtigkeit zu haben.“

Es geht schon ein bisschen besser mit Geld.

„Ich erlaube mir, monatlich 10 000 € mit Leichtigkeit zu haben.“

Aber es braucht so viel Arbeit.

„Ich erlaube mir, monatlich 10 000 € mit Leichtigkeit zu haben.“

Und was ist mit meiner Familie?

„Ich erlaube mir, monatlich 10 000 € mit Leichtigkeit zu haben.“

Ich vermisse meine Kinder.

„Ich erlaube mir, monatlich 10 000 € mit Leichtigkeit zu haben.“

Ich vermisse meine Frau.
(An dieser Stelle tauchte ein Stück Traurigkeit auf.)

„Ich erlaube mir, monatlich 10 000 € mit Leichtigkeit zu haben.“

Es taucht der Glaubenssatz auf, dass wenn ich so viel Geld mache, ich meine Familie vernachlässigen muss.
(Es wurde langsam an der Zeit, dass die echten Einwände auftauchen.)

„Ich erlaube mir, monatlich 10 000 € mit Leichtigkeit zu haben."

Dahinter steckt wohl der Gedanke, dass Geld hart erarbeitet werden muss.

„Ich erlaube mir, monatlich 10 000 € mit Leichtigkeit zu haben."

Der Gedanke kommt von meiner Erziehung. Ich sehe das ganz klar und deutlich.

„Ich erlaube mir, monatlich 10 000 € mit Leichtigkeit zu haben."

Harte Arbeit, Junge!!!

„Ich erlaube mir, monatlich 10 000 € mit Leichtigkeit zu haben."

Arbeite härter!!!

„Ich erlaube mir, monatlich 10 000 € mit Leichtigkeit zu haben."

Auf geht's!!!

„Ich erlaube mir, monatlich 10 000 € mit Leichtigkeit zu haben."

Ich glaube, ich habe ein schlechtes Gewissen, wenn es mit „Leichtigkeit" geschieht.

„Ich erlaube mir, monatlich 10 000 € mit Leichtigkeit zu haben."

Ich möchte das gar nicht. Ich möchte es mir verdienen. Eigentlich will ich nicht, dass es leicht ist!

(Es dauert bei manchen eine Weile, aber letztendlich taucht in tieferen Schichten des Bewusstseins meistens der Einwand auf, dass man das, von dem man behauptet, das man es will, eigentlich nicht wirklich will, und folglich auch nicht *erlaubt.*)

„Ich erlaube mir, monatlich 10 000 € mit Leichtigkeit zu haben."

....

„Ich erlaube mir, monatlich 10 000 € mit Leichtigkeit zu haben."

Unglaublich – ich will das gar nicht.

„Ich erlaube mir, monatlich 10 000 € mit Leichtigkeit zu haben."

Ich habe ein schlechtes Gewissen.

„Ich erlaube mir, monatlich 10 000 € mit Leichtigkeit zu haben."

OK, der Einwand ist nun auch bewusst anerkennt worden und dadurch verschwunden.

„Ich erlaube mir, monatlich 10 000 € mit Leichtigkeit zu haben."

Ja, ich kann mir das mal erlauben.

„Ich erlaube mir, monatlich 10 000 € mit Leichtigkeit zu haben."

Ja.

„Ich erlaube mir, monatlich 10 000 € mit Leichtigkeit zu haben."

Es stimmt, ich erlaube mir das.

„Ich erlaube mir, monatlich 10 000 € mit Leichtigkeit zu haben."

Wie lange dauert es eigentlich bis sich so eine Absicht manifestiert?

„Ich erlaube mir, monatlich 10 000 € mit Leichtigkeit zu haben."

Wie lange dauert's noch?

„Ich erlaube mir, monatlich 10 000 € mit Leichtigkeit zu haben."

Wie lange?

„Ich erlaube mir, monatlich 10 000 € mit Leichtigkeit zu haben."

Wann bekomme ich meine 10 000 €?

„Ich erlaube mir, monatlich 10 000 € mit Leichtigkeit zu haben."

Wie lange denn noch?

„Ich erlaube mir, monatlich 10 000 € mit Leichtigkeit zu haben."

„Coach, kannst du es mir nicht sagen?"

„Ich erlaube mir, monatlich 10 000 € mit Leichtigkeit zu haben."

„Ich mach die Übung jetzt schon zwei Monate, wie lange noch?"

„Ich erlaube mir, monatlich 10 000 € mit Leichtigkeit zu haben.“

„Wie lang noch?“

(Manche Einwände lasse ich mehrmals im Wechsel mit der Absicht sprechen, bis sie „flach“ werden, also keine emotionale Reaktion mehr hervorrufen. Außerhalb der Übung hätte ich die Frage beantwortet, aber im Kontext der Übung ist es nur ein weiterer Einwand. Etwas dauert immer so lange, es eben dauert!)

„Ich erlaube mir, monatlich 10 000 € mit Leichtigkeit zu haben.“

„Ich akzeptiere die Aussage mittlerweile, aber ich spüre dabei nichts.“

„Ich erlaube mir, monatlich 10 000 € mit Leichtigkeit zu haben.“

„Ich fühle es nicht.“

„Ich erlaube mir, monatlich 10 000 € mit Leichtigkeit zu haben.“

„Schade, ich fühle es einfach nicht.“

„Ich erlaube mir, monatlich 10 000 € mit Leichtigkeit zu haben.“

„OK, der Einwand ist weg.“

„Ich erlaube mir, monatlich 10 000 € mit Leichtigkeit zu haben.“

Kein Einwand.

„Ich erlaube mir, monatlich 10 000 € mit Leichtigkeit zu haben.“

„Ich fühle mich super!“

„Ich erlaube mir, monatlich 10 000 € mit Leichtigkeit zu haben.“

„Ich fühle mich super!“

(Ich bitte die Person auch das „Superfühlen“ als Einwand zu behandeln und davon loszulassen – meist wartet ein noch besseres Gefühl dahinter.)

„Ich erlaube mir, monatlich 10 000 € mit Leichtigkeit zu haben.“

Keine Einwände mehr.

„Ich erlaube mir, monatlich 10 000 € mit Leichtigkeit zu haben.“

„Ich erlaube mir, monatlich 10 000 € mit Leichtigkeit zu haben."

Der Übende hat eine Zeitlang mit dieser Absicht alleine weitergearbeitet. Ein Jahr später hatte er seine ersten 10 000 €, fast auf den Punkt genau innerhalb eines Monats gemacht (10 324,-- €). Mittlerweile macht er mehr als das Doppelte im Monat.

Entscheidend war, dass er dranblieb. Gedanke, Wort und Tat kreieren Realität. Nicht die Umstände, nicht andere Menschen, nicht die Wirtschaftslage, sondern deine eigenen Gedanken sind eine Energieform die du täglich an das Energiefeld namens „Leben" oder „Universum" absendest. Was am häufigsten wiederholt wird, gewinnt.

Die gezeigten Einwände waren nur Beispiele. Sie müssen nichts mit dem zu tun haben, was *dir* widerfährt. Jeder hat seine eigenen Herausforderungen, durch die er hindurch muss, bevor er zur Manifestation der erwünschten Realität gelangt. Manche werden wesentlich weniger Aufwand benötigen. Sie sprechen einen Wunsch einmal aus, und er erfüllt sich. Andere werden wesentlich mehr brauchen. Dies hängt nicht nur davon ab, wie du dich fühlst und wie hoch oder niedrig das Ziel angesetzt ist, sondern auch von „karmischen Faktoren" und Absichten deiner Seele. Wenn du Ziele wählst, die auch deine Seele hat, ist weniger Aufwand erforderlich. Tatsächlich passieren viele Dinge, die deine Seele will, von ganz allein. Wenn deine irdische Persönlichkeit (das Ego) im Spiel ist, braucht es viel persönliche Willenskraft zur Verwirklichung. Aber auch diese Art der Verwirklichung macht Spaß. Es ist sehr bestärkend, erfrischend, inspirierend, etwas dass du beabsichtigt hast, letztendlich zur Erfüllung zu bringen. Und je öfter du das machst, desto willensstärker wirst du.

Absicht-Einwand ist die Basis-Variante der *Reality Creation Methode.* Du hättest das auch machen können, indem du nur die Absicht aussprichst, wie es in Bezug auf „Affirmationen" in verschiedenen Büchern gelehrt wird. Doch kann die Nicht-Bearbeitung von Einwänden dazu führen, dass die Verwirklichung länger auf sich warten lässt und das Leben dann Einwände liefert (anstatt dass du sie während der Übung schon konfrontierst, damit vorwegnimmst und dadurch von ihnen loslässt).

Parodieren

Eine Variante der Basis-Version bezeichne ich in Seminaren mit dem englischen Wort „Mimicking“. Auf Deutsch heißt das „Nachahmung“ oder „Imitation“. Dabei werden Einwände kopiert, nachgeahmt, parodiert. Einwände werden schauspielerisch ausgesprochen oder als ob ein Idiot sie ausspricht oder ganz bewusst übertrieben. Diese Variante gibt der Methode eine humorvolle Note und ist hilfreich in sehr langen Sitzungen, wenn der Übende auf viele Widerstände stößt. Der einzige Grund, warum bestimmte Einwände sich nicht auflösen oder immer wieder auftauchen, ist, weil noch ein Widerstand vorhanden ist. Ein Indikator für Widerstand ist der *Ernst*. Nimmt man das Problem oder die Hürde allzu ernst, nimmt man sie allzu real, so als hätte sie Macht über einen. Ist man bereit, sie zu parodieren oder zu übertreiben, fließt die gesamte Übung schon leichter und oft auch schneller. Ich würde jedoch das Parodieren nicht immer verwenden, damit es sich nicht abnützt und gelegentlich als Variante hinzugefügt werden kann, um die Sitzung aufzufrischen. Es geht vor allem darum, sich nicht als Opfer des Affen-Verstandes zu fühlen, sondern in Kontrolle der Übung. Manchmal demonstriere ich diese Kontrolle durch rapides Hin- und Herspringen zwischen Absicht und Einwand.

Eine Hörprobe dieser Methode kannst du auf Stufe 3 meines Reality-Creation-Course (www.oceanofsilence.com) hören. Auch in meinen Live-Kursen führe ich diese Methode vor oder lasse sie ausführen. Sie wirkt immer energetisierend und beschleunigend.

Handlung

In herkömmlichen Zielsetzungs-Lehren ist die Handlung das Hauptwerkzeug. Man wird gebeten, etwas zu tun, zu arbeiten, Aktions-Schritte aufzuschreiben. In der *Reality Creation Methode* ist Handlung nur ein Nebenschauplatz. Viele Handlungen sind nicht mehr als eine Kompensation für schlechtes Kreieren und unverarbeitete Emotionen. „Arbeiten gehen", wo man als Angestellter für jemand anders Geld macht als für einen selbst, tun nur Leute, die nicht wissen, dass sie allein durch die Kraft ihres Denkens und Sprechens Realität erschaffen können. Wer die Methode im tieferen, metaphysischen Sinn versteht weiß, dass in Wirklichkeit *keine Handlung, im Sinne unliebsamen Schuftens, nötig ist.*

Und in den Fällen, in denen Handlung nötig ist, *ergibt sich das* aus der Absicht, *ergibt sich das* aus dem Fokus. Das Ziel ist die Bergspitze, dann ist die *natürliche Handlung* dazu, nach oben zu gehen und gelegentlich über Steine zu klettern. Da ist kein Aktionsplan nötig, es ergibt sich einfach aus dem Ziel. Welche Handlung wann angemessen ist, ergibt sich von Tag zu Tag. Wenn du mental gut eingestellt bist, bieten sich immer wieder neue Gelegenheiten zur Handlung an.

Gleichzeitig ist es wichtig, sich im Klaren darüber zu sein, dass Handlung und Arbeit Spaß machen. Viele, die sich mit „Realitätserschaffung", „Manifestieren", „Visualisierung-von-Wünschen" und Esoterik beschäftigen, haben eine Aversion gegen simple Arbeit. Diese Aversion gilt es zu überwinden, Handlung stattdessen zu umarmen. Du bist ein physisches Wesen in einer physischen Welt, und wenn du das In-Aktion-treten willkommen heißt, tust du dich im Leben leichter.

Tatsächlich ist Aktion eine andere Art Energie zu fokussieren. Am schnellsten manifestiert sich eine Realität, wenn alle drei – *Gedanke, Wort und Tat* – investiert werden. Diese drei zusammen kreieren ein potentes Energiefeld, bei der du so Absichten wie die obige innerhalb weniger Wochen manifestieren kannst.

Nachfolgend fünf Arten zu handeln wovon die ersten zwei fehlgeleitete Energie darstellen und drei letzteren angemessene Energie.

Kompensationshandlungen

Das sind Dinge, die du tust, um negatives Kreieren und negative Energie auszugleichen oder wiedergutzumachen.

Negatives Fühlen hat dich beispielsweise übergewichtig gemacht, also machst du Sport. Negatives Denken lässt dich jeden Morgen müde sein, also trinkst du immer Kaffee. Negatives Kreieren hat dich arm gemacht, also leistest du Sklavenarbeit in der Firma. An Sport, Kaffee und Arbeit ist nichts Falsches, doch sind diese wesentlich weniger genussvoll, wenn sie von Mangel motiviert sind. In unserer Gesellschaft wird es als völlig normal angesehen, von Mangel, Ängsten und Sorgen „Antrieb" zu bekommen, aber es ist trotzdem unnötig und auch unnatürlich. Kaffee schmeckt wirklich besser, wenn ich ihn nicht „brauche, um wach zu sein". Wer genug innere Energie hat, braucht überhaupt nichts „um" wach zu sein. Sport ist gut und erhöht die Lebensenergie, wäre aber noch besser, wenn es zum Aufbau des Körpers oder als Genuss erlebt würde, statt nur um Übergewicht zu kompensieren. Und Arbeit macht viel mehr Spaß, wenn man es nicht tut „weil man Geld braucht", sondern aus reiner Freude.

Fluchthandlungen

Diese geschehen aus Widerstand gegenüber dem Fluss und den Energien des Lebens. Etwas passiert, man wehrt es ab, und damit bleibt es im Energiefeld des Körpers stecken, anstatt durch- und dann weiter zu fließen. Ein Vorgesetzter schreit dich beispielsweise an, und anstatt es widerstandslos durchfließen zu lassen, wehrt man sich, baut einen Damm auf und es bleibt eine unangenehme Emotion im Körper haften. Je mehr Widerstände sich im Laufe des Tages aufbauen, desto erschöpfter werden Körper und Geist. Um vor der Erschöpfung zu fliehen, schaltet man Fernsehen, Internet oder Radio ein, um „endlich abzuschalten" oder das Schlechtfühlen zu übertünchen. Oder man geht telefonieren, geht zum Kühlschrank, nimmt Alkohol, Nikotin, Drogen oder Pharmaprodukte, hat Sex, besucht Freunde, oder eines von hunderten anderer Aktivitäten, mit denen wir vor dem Fühlen des Hier-und-Jetzt fliehen. Fluchthandlungen sind ebenfalls Kompensationshandlungen, aber solche, die speziell aus Widerstand und unverarbeiteten Gefühlen entstehen. Gegen Internetsurfen oder Sex spricht nichts – aber diese wären viel genussvoller, wären sie von Freiheit statt Gefangensein motiviert.

Eine Übung, die sich für die spirituelle Entwicklung wirklich lohnt ist, sich seiner Fluchthandlungen bewusst zu sein und diese zu reduzieren. Eine solche Disziplin mag unangenehm sein, aber sie führt zu schnellen Durchbrüchen in allen Lebensbereichen. Man kann das auf verschiedenste Weise machen. Eine Art wäre, eine Liste aller Fluchthandlungen zu machen und dann jeweils zu notieren, wann du sie machst und warum. Das führt allmählich dazu, dass du, bevor du sie machst, von dem Grund loslässt – und sie daher nicht machen musst. .

Ein Beispiel für eine Liste typischer Fluchthandlungen:

Telefonieren

Internet

Fernsehen

Lesen

Essen

Einkaufen

Wegfahren

Sex

Mit Freunden treffen

Ausgehen

Kino

Eigentlich kann jede Handlung als Flucht benutzt werden – sogar Meditation und die Reality Creation Methode. du weißt, du benutzt diese Handlungen aus reiner Flucht, wenn du sie machst „um mich besser zu fühlen". Bevor du eine Aktivität machst, setze dich doch hin und tue erst mal nichts. Atme. Lass vom Druck los. Lass deine Sorgen los. Und jetzt, wo es dir besser geht, kannst du erst richtig entscheiden, was du tust – und es wird keine Fluchthandlung sein.

Nichthandlung

Das Nichts-Tun, die Auszeit, die Entspannung, das Ausruhen sind wesentlich stärker als die Kompensations- oder die Fluchthandlung. Man stellt sich in der Entspannung auf Empfang für die Geschenke, die das Leben bereithält. Allein aufzuhören negativ-ausgerichteten Handlungen nachzugehen, kann zu starken, positiven Veränderungen im Leben führen. Oft ist *Reality Creation* also nicht nur eine Frage des Tuns, sondern des Aufhörens damit, Negatives zu tun. Wenn man „mit Leichtigkeit" 10 000 € Euro machen möchte, eignet es sich vielleicht, den Job „auf 300 Euro-Basis" aufzugeben.

Wer sich wirklich tief entspannen kann und gerne nichts-tut, ist auch besser im Tun, besser im Arbeiten. Mittelmäßige Menschen sind weder zufrieden, wenn sie arbeiten (sie denken dabei an Urlaub), noch wenn sie Urlaub machen (sie denken dabei an Arbeit). Die *Reality Creation Methode* empfiehlt, beides 100 % machen zu können. Denn wer sich ohne schlechtes Gewissen 100 % fallenlassen kann, kann auch 100 % fokussieren und diszipliniert arbeiten – und umgekehrt.

Handlung zum Ziel

Handlung im Einklang mit dem Ziel wäre z. B. das Spazierengehen und weniger Kohlenhydrate zu essen, wenn deine Absicht ist abzunehmen, an Messen teilzunehmen, wenn es deine Absicht ist Aufträge zu finden oder andere Aktivitäten. Welche Aktivitäten richtig sind, unterscheidet sich von Mensch zu Mensch. Ich hatte einen Coaching-Teilnehmer, dessen Absicht Reichtum war, eine Absicht, die er seit Monaten wiederholte, aber als das Leben ihm die Gelegenheiten bot, er diese ausschlug, weil er sie nicht als Gelegenheiten erkannte. Ein Chinese hatte ihm einen Auftrag angeboten, den er abgelehnt hatte. Später stellte sich heraus, dass es ein Millionenauftrag gewesen wäre. Und damit wäre er reich geworden. Warum lehnte er ihn ab? Nicht weil ihn der Chinese oder das Angebot suspekt waren, sondern weil er dachte: „Ich habe keine Zeit dafür, ich muss Geld machen". Es waren also seine Kompensationshandlungen, die ihn von zielführenden Handlungen ablenkten. Die richtigen Ideen und richtigen Handlungen tauchen erst auf, nachdem man sich für ein bestimmtes Ziel *fest ent-*

schieden hat. Und wenn sie auftauchen, sind sie nicht immer sofort als zielführend erkennbar. Man muss ein Gespür dafür entwickeln. Und dafür ist wiederum das Fühlen von Energie und Emotion im Körper wichtig.

Als-Ob-Handlungen

Dies sind Dinge, die ich tun würde, wenn das Ziel bereits erreicht wäre. Als-Ob-Handlungen versetzen dich am schnellsten in das Energiefeld der Realitätserfüllung – wodurch sich die erwünschte Realität ebenfalls schneller manifestiert. Wenn es also dein Ziel ist, eine Traumpartnerin zu finden, dann bringe das Ziel so gut es geht schon ins Heute, indem du die Wohnung aufräumst, dich schick anziehst und Kerzenlicht anmachst. Du kannst noch weiter gehen und beispielsweise das Umarmen des Traumpartners und einen Kuss pantomimisch nachspielen. Wenn Chef-des-Unternehmens-sein dein Ziel ist, dann suche dir eine Gelegenheit, wo du dich in den Chef-Sessel setzen kannst. Rede wie ein Chef. Mache eine Testfahrt mit einem Auto, das du als Chef hättest. Als-Ob-Handlungen stärken deine Vertrautheit mit der Realität, bringen dein Energiefeld, mit dem der Realität in Einklang, so dass es für das Universum nicht mehr so schwer ist, dir diese Realität zu liefern.

Reality Creation und der Sexualakt

Tatsächlich funktioniert die Reality Creation Methode wie Sex. Die stetige Wiederholung der Absicht ist die wiederholte Penetration des Penis. Die Erektion gleicht der Standhaftigkeit, die nötig ist, um dranzubleiben. Der Orgasmus ist die Explosion des Wohlbefindens, wenn du weißt „Es ist geschehen". In der Absicht-Einwand Methode ist das manchmal als Energie, die vom Körper ausstrahlt oder ins Universum schießt, fühlbar. Doch oft manifestiert sich die Realität nicht sofort physisch. Bei der Geburt sind es sogar 9 Monate bis zur physischen Manifestation. Du würdest nicht davon ausgehen, dass das Kind „nicht existiert" oder „nicht real ist", nur weil du es noch nicht sehen kannst. Leider verhalten sich viele Reality-Creation-Übende genau so, wenn ihre Wunschrealität nicht sofort erscheint. Alles trägt mit der Zeit Früchte, aber manchmal braucht es eben seine Zeit. Und wenn du zwischen Absicht und der physischen Manifestation zurückfällst in „Ach, es passiert ja doch nicht" – dauert es noch länger. Bei der Reality Creation Methode ist es ratsam, wie der Penis standhaft und beständig zu sein und wie die Vagina, empfänglich und offen. Der Sex-Akt ist eine genaue Kopie davon, wie der Akt der Schöpfung funktioniert und welche Qualitäten und Energien mitmischen. Das Kreieren ist eine Zusammenarbeit von dir, anderen und dem Universum.

Wunsch und Widerstand

Wunsch und Widerstand sind zwei Energieformen, welche die Verwirklichung der bevorzugten Realitäten verlangsamt. Der bloße *Wunsch*, als Energie, ist nicht nur nicht ausreichend zur Zielverwirklichung, sondern trennt dich emotional und mental von dem, was du möchtest. *Wollen = Nicht haben*, und jedes Mal wenn du *willst* oder *begehrst* oder *brauchst,* impliziert das einen Mangel. Deshalb sprechen wir davon, dass nicht das *Wünschen* Realität erschafft, sondern deine *Entscheidung*. Je stärker das Wollen, desto stärker der Mangel. Zuviel Wollen kreiert noch mehr Mangel in deinem Leben, nicht Überfluss. Es ist gut, mehr Fokus auf die Dinge zu legen, die du bereits hast, bereits kannst, bereits weißt, bereits besitzt als auf das, was dir mangelt. Ist Aufmerksamkeit bei „schon haben", bekommst du mehr. Ist Aufmerksamkeit beim Wollen, bekommst du weniger. So verhält sich Energie – es kopiert einfach das, was du ausstrahlst. Etwas zu wollen geht davon aus, dass du im Hier-Jetzt nicht glücklich bist – sei also nicht überrascht, wenn dir noch mehr passiert, das „beweist", dass es dir an Dingen mangelt. In der *Reality Creation Methode* wollen wir also alle Wünsche in Glauben verwandeln oder in Absichten oder Entscheidungen. Beim bloßen Wunsch zu bleiben, hilft dir nicht weiter.

Widerstand zieht all das in dein Leben, was du abwehrst. Wir sprechen hier vor allem von inneren, emotionalen und mentalen Widerständen. Warum? Weil Widerstand das extreme Fokussieren einer Sache ist, die du eigentlich nicht fokussieren willst. Das was du abwehrst, hältst du als Gedanken fest. In der *Reality Creation Methode* hört man auf, gegen die Wand zu schlagen. Es bringt nichts, gegen die Wand zu schlagen. Dadurch verschwindet die Wand nicht, aber die Aufmerksamkeit (und damit die Energie) wird frei für alle anderen Realitäten und man muss sich um jene Wand nicht mehr kümmern. Der Zweck der *Reality Creation Methode* besteht darin, das Ziel als Absicht statt als Wunsch zu fokussieren und alle Widerstände gegenüber Gegen-Realitäten und Einwänden aufzugeben. Lässt man von der Abwehr gegen „negative" Realitäten los, verstärken sich diese nicht, wie allgemein angenommen, sondern verschwinden aus dem

Bewusstsein und schließlich aus der Erfahrung. Das heißt, wenn dir unverschämte Autofahrer, die sich vor dich drängeln nichts mehr ausmachen und du diese willkommen heißt, statt abzuwehren, einatmest statt wegzuschieben, passiert folgendes: Zuerst machen dir diese nichts mehr aus. Dann fallen sie dir gar nicht mehr auf. Schließlich widerfahren sie dir nicht mehr. Indem du diesen Widerstand aufgegeben hast, hast du eine Realität komplett aufgelöst. Dir kann doch nur das passieren, was du fokussierst. Wenn du keine Angst und keinen Frust und keine Abwehr dagegen hast, kann es dir auch nicht passieren. Etwas abzuwehren ist, als ob du dir aus der Unendlichkeit, aus unendlich vielen Dingen, die du als Erfahrungen auswählen könntest, gerade die Dinge auswählst, die nicht gut für dich sind. Höre auf, dich auf diese „Frequenzen“ zu begeben.

Die fortgeschrittene Reality Creation Methode

Bei der einfachsten Methode wird einfach nur jeden Tag die Absicht viele Male ausgesprochen. Eine Stufe höher – bei der Basis-Methode – werden, wie gezeigt, Absicht und Einwand bearbeitet. Und bei der fortgeschrittenen Methode werden tieferliegende emotionale Schmerzen und Glaubenssätze oder Gedankenprogramme etwas genauer aufgearbeitet. Solche Programme sollten nicht unterdrückt werden (das verstärkt sie nur und irgendwann kommen sie ohnehin wieder zum Vorschein). Es wäre besser, sie auszudrücken. Sie auszudrücken ist jedoch auch nicht ideal. Noch besser, als sie hochkommen zu lassen, um sie mitzuteilen (in Gesprächen, in der Therapie, per Email) ist es, sie hochkommen zu lassen, um sie loszulassen. Wir wollen, wie gesagt, den Müll nicht analysieren, sondern wegwerfen. Dinge können sich auflösen, wenn sie ausgedrückt statt unterdrückt werden. Werden sie aber zu häufig oder routinemäßig ausgedrückt und mitgeteilt, ist das nur ein weiteres Fokussieren einer „Ich bin ein Opfer"-Geschichte. Diese Geschichten sollten also weder unterdrückt noch ausgedrückt werden, sondern am besten einfach losgelassen. Du brauchst solche Gedankenkonstrukte nicht. In meiner eigenen Karriere habe ich bisher tausende Emails von Leuten empfangen, die denken, dass es irgendwie hilfreich oder sinnvoll wäre, mir gegenüber ihre Probleme auszudrücken oder festzustellen, was nicht in Ordnung ist oder was ihr Problem ist. Und das, obwohl ich in jedem meiner Bücher über Fokus der Aufmerksamkeit spreche. Statt mir eine lange, weinerliche Email zu schicken wäre es hilfreicher, davon gedanklich loszulassen, den Gedanken einfach fallen zu lassen. Und noch besser wäre es, mir mitzuteilen, was stattdessen bevorzugt wird (Fokus auf das Ziel statt auf das Problem). Ich hätte kein Problem damit, wenn mir jemand sein Problem beschreibt, wenn er gleich danach das stattdessen Bevorzugte ebenfalls beschreibt. Das Mitteilen von Problemen scheint bei manchen geradezu eine Sucht zu sein – so dass es Leute sogar fortsetzen, nachdem ich sie gebeten habe, mir stattdessen ihre Ziele mitzuteilen. „Ja, aber, ich muss Ihnen sagen, dass ich das Problem habe, weil…" – als ob eine Rechtfertigung für das Problem irgendetwas ändern würde. Das einzige, was ein Problem löst, ist das

Loslassen davon und das Fokussieren dessen, was man *stattdessen* möchte – so wie es bei der Absicht-Einwand-Übung gedrillt wird.

Jedes Problem, das du hast, oder jemals hattest, kommt durch eines der folgenden Wünsche zustande:

Aufmerksamkeit wollen
Kontrolle wollen
Sicherheit wollen
Freiheit wollen
Einheit wollen

In der fortgeschrittenen Variante des *Reality Creation* wird jeder Einwand auf eines dieser fünf Kategorien zurückgeführt. Gewinnt man eine gewisse Vertrautheit mit den fünf Kategorien, löst sich das Thema allein durch die Erkenntnis auf, dass man weiß von welchem der typischen Muster es kommt. Irgendwann werden größere Zusammenhänge und Muster klarer und Durchbrüche im Bewusstsein geschehen schneller. Ich würde dich, als Lernender des Reality Creation darum bitten, ab jetzt auch im Alltag jedes Problem, das auftaucht, auf eines dieser fünf Grundmängel zurückzuführen. Dabei ist zu beachten, dass Aufmerksamkeit, Kontrolle, Sicherheit, Freiheit und Einheit zu *haben* kein Problem darstellt, das Problem taucht auf, wenn du diese Dinge *willst* – und damit einen Mangel dieser Energien verursachst.

Nachfolgend ein paar Beispielbegriffe die im Kontext des Reality Creation mit dem Oberbegriff synonym sind:

Aufmerksamkeit wollen

Anerkennung wollen, Liebe wollen, Zustimmung wollen, Lob wollen, Applaus wollen, Beachtung wollen.

Kontrolle wollen

Festhalten wollen, Macht wollen, lenken wollen, wissen wollen wann, wo und wie, verstehen wollen, herausfinden wollen, verändern wollen.

Sicherheit wollen

Schutz wollen, Garantie wollen, Vorhersehbarkeit wollen, Versicherung wollen, Versprechen wollen, Gewissheit wollen.

Freiheit wollen

Trennung wollen, weggehen wollen, besser sein wollen, besonders sein wollen, anders sein wollen.

Einheit wollen

Zusammensein wollen, Geborgenheit wollen, Gemeinsamkeit wollen, Übereinstimmung wollen, Zugehörigkeit wollen, Erleuchtung wollen.

Nachfolgend die Widerstandsseite dieser Wünsche. „Kritik vermeiden wollen" wird im Reality Creation als *das Gleiche* wie „Lob wollen" behandelt – es ist die andere Seite der gleichen Münze.

Aufmerksamkeit/Liebe/Zustimmung wollen.

Kritik/Liebesentzug/Nicht-Zustimmung abwehren.

Kontrolle/festhalten/verstehen/verändern wollen.

Veränderung/loslassen/fallenlassen/Kontrolle abwehren.

Sicherheit/Gewissheit wollen.

Unbekanntes/Ungewissheit/Unsicherheit abwehren.

Freiheit/Trennung/besonders sein wollen.

Einheit/Teamwork/Integration abwehren.

Einheit/Übereinstimmung/Zusammensein wollen.

Einsamkeit/Einzigartigkeit/Freiheit abwehren.

Anhand dieser Definitionen kannst du nicht nur *jedes* Problem diagnostizieren, sondern hast auch eine Landkarte, die dich früher oder später zu höheren Bewusstseinszuständen führen wird. Keine Anerkennung mehr von Menschen zu brauchen, ist beispielsweise ein Befreiungsschlag, eines der besten Zustände die du jemals erleben wirst. Weil du sie nicht mehr brauchst, wirst du sie erleben. Weil du Anerkennung nicht mehr hinterher rennst, rennt Anerkennung dir hinterher. Sobald du keine Freiheit mehr willst, wird dir die Freiheit, die das Universum ohnehin bereits *ist*, zuteil. Sobald du nichts mehr gegen Kritik hast, passiert sie dir seltener – und wenn sie passiert, wird sie eher als hilfreich statt störend aufgefasst.

Um dich auf diese Denkweise einzugewöhnen, nachfolgend ein Quiz. Markiere zu jedem Punkt, ob er von A (Aufmerksamkeit), K (Kontrolle), S (Sicherheit), F (Freiheit) oder E (Einheit) wollen stammt. Manchmal wirst du ein bisschen nachdenken oder die Synonyme zur Hand nehmen müssen, um herauszufinden, was es ist. Sei nicht überrascht, dass unser gesamtes Leben von diesen Energien dominiert wird. Weiter unten folgt dann die Auflösung des Quiz. Manchmal lässt sich etwas auf mehrere der fünf Energien zurückführen, wähle jedoch immer das aus, was am meisten zutrifft.

1. „Werden wir für immer zusammen sein?“
2. „Tut mir leid, ich habe momentan richtig Stress und habe keine Zeit, mit euch ins Kino zu gehen.“
3. „Wenn man mich nicht unter Druck setzt, kann ich richtig gut arbeiten!“
4. „Ich habe jede Methode versucht, aber es funktioniert nichts.“
5. „Ich will doch nur Gleichberechtigung.“
6. „Warum hast du meine Email nicht beantwortet?“
7. „Für jetzt ist einfach nur wichtig, dass die Aktionäre den richtigen Eindruck von uns gewinnen.“

Manchmal ist die Energie verborgen und nicht mit den Worten feststellbar. Auf subtileren Ebenen ist sie jedoch immer fühlbar. „Kontrolle wollen“ ist eine harte Energie, während „Aufmerksamkeit wollen“ eine weichere Energie ist. Und wenn du mit solchen herumläufst, wirst du die Realität entsprechend erleben – voller Mängel und Probleme.

Auflösung

Aussage 1 kommt offensichtlich vom Mangel an Einheit und Kontrolle. Die Person müsste schauen, welche dominanter ist und diese zuerst bearbeiten. Es ist lustig, wie ein kindlicher Mangel, wie dieser, 90 % unserer Popmusik in den Songtexten darstellt. Es gibt Ausnahmen, wo diese Aussage nicht auf Mangel, sondern auf romantisches Denken hinweist, aber diese Variante kommt eher selten vor.

Bei Aussage 2 steckt wohl Mangel an Freiheit dahinter. Er fühlt sich eingeengt oder unter Zeitdruck. Dieses subjektive Empfinden geschieht wirklich nur in seinem Energiefeld (Körper und Geist). In der Realität und der Unendlichkeit hat es keine Basis. Er sollte dieses subjektive Empfinden auflösen und dann neu entscheiden ob er mit aus geht oder nicht.

Aussage 3 wird von einem ähnlichen Druckgefühl im eigenen Energiefeld verursacht und stammt ebenfalls von Mangel an Freiheit. In Wirklichkeit kann niemand anders dich unter Druck setzen, nur du kannst es selbst.

Aussage 4 stammt wahrscheinlich von Mangel an Kontrolle. Aus Mangel an Kontrolle, wenn eine Sache nicht funktioniert, wird schnell „nichts" funktionieren. Da aber die Person da sitzt, atmet und spricht ist offensichtlich, dass manches eben schon funktioniert. Es könnte jedoch auch von Mangel an Aufmerksamkeit kommen – die Person möchte eine Runde Mitleid dafür, dass bei ihr nichts funktioniert.

Aussage 5 stammt von einem subjektiv wahrgenommenen Mangel an Gleichberechtigung, also Mangel an Einheit. Vielleicht verursacht diese innere Einsamkeit eine gesamte politische Karriere, ohne dass die Person jemals die Kern-Ursache in ihren Gefühlen entdeckt.

Aussage 6 ist definitiv Mangel an Aufmerksamkeit, was wahrscheinlich der am weitesten verbreitete Energiemangel ist.

Aussage 7 ist ebenfalls Mangel an Aufmerksamkeit. Man will Kritik vermeiden und „gut dastehen“. Das ist ein Garant dafür, dass die Kritik kommen wird.

Es folgen Mitschriften von drei verschiedenen Sitzungen mit der fortgeschrittenen Version der *Reality Creation Methode.* Ich gebe sie hier wieder, um dir ein Bild davon zu geben, wie du damit auch solo arbeiten und große Fortschritte im Leben machen kannst.

Advanced Reality Creation Sitzung 1

Die Coaching-Teilnehmerin möchte eine „Traumpartnerschaft“ kreieren. Sie ist seit 3 Jahren geschieden, hatte eine schlechte Ehe und hat momentan Schwierigkeiten jemanden zu finden. Meine Worte (als Coach) werden *kursiv* dargestellt. Mein Coaching-Stil bleibt meist bei der Methode, mit gelegentlichen Abweichungen und Interventionen.

Absicht?

Ich erlaube mir in einer wundervollen Partnerschaft zu leben.

Danke. Bitte noch mal die Absicht.

Ich erlaube mir in einer wundervollen Partnerschaft zu leben.

Ist da irgendein Einwand, spontan?

Ja, das Gefühl mein Leben verschwendet zu haben.

Welche Gedankenbilder tauchen dazu auf?

Erinnerungen an meine letzte Ehe.

Schließe bitte die Augen und lass all diese Erinnerungen hochkommen. Das ganze Paket. Höre auf, dich zu wehren und fokussiere das alles, damit es aufgewärmt wird und hochkommt. Nur so kann es raus.

….

Wie fühlt sich das an?

Gefangen.

Heiße weiterhin alle Erinnerungen und Emotionen, die auftauchen willkommen.

Steckt dieses Thema im Bauch, im Solar-Plexus, in der Brust oder in der Stirn?

Es ist eine Schwere in der Brust. Vermischt mit Traurigkeit.

OK, lass das alles da sein. Hör auf es verändern zu wollen, höre auf abzuwehren – es darf heute alles endlich hochkommen.

….

Und schau ein bisschen tiefer – kommt das alles daher, Aufmerksamkeit, Kontrolle, Sicherheit, Freiheit oder Einheit zu wollen?

Es kommt von allen.

Such dir eins davon aus – Aufmerksamkeit, Kontrolle, Sicherheit, Freiheit, Einheit.

Freiheit wollen. Ich fühlte mich gefangen, also ist es Freiheit wollen.

Gut. Fühle, wie es sich anfühlt, Freiheit zu wollen statt Freiheit zu haben.

Könntest du davon loslassen, Freiheit zu wollen?

Wie loslassen?

Könntest du bewusst entscheiden, das Freiheit-wollen aufzugeben, weil du siehst, dass es ein Mangel ist?

Ja, ich denke schon.

Könntest du auch davon loslassen, indem du die Aufmerksamkeit davon löst und dich einfach entspannst?

OK.

Und fühle wie es sich anfühlen würde, Freiheit zu haben. So gut es geht, stell dir vor, bereits Freiheit zu haben.

OK. Das ist gut. Erleichternd.

Und noch mal die Absicht.

Was?

Die Absicht. Deine Absicht zur Partnerschaft.

Ich erlaube mir in einer wundervollen Partnerschaft zu leben.

Danke, nochmal bitte.

Ich erlaube mir in einer wundervollen Partnerschaft zu leben.

Und einfach noch mal, gefolgt von einem tiefen Atemzug.

Ich erlaube mir in einer wundervollen Partnerschaft zu leben.

Irgendein Einwand?

Hm…vielleicht bin ich nicht gut genug.

OK, schau in dich hinein und imaginiere oder fühle, wie es sich anfühlt, nicht gut genug zu sein.

Übertreibe das ein bisschen, damit die Energie auch wirklich hoch- und rauskommt: Stell dir vor, nie gut genug zu sein, und dass du es auch nie wirst. Keine Chance.

Taucht da Energie auf?

Ja – eine Enge, wieder in der Brust.

OK, öffne dich dieser Enge. Lasse sie da sein. Stell dir vor, du öffnest ein Fenster in der Brust, wo diese hochkommen darf.

____.

Sie ist noch da.

Ja, sie soll da sein – heiße die Energie willkommen. Genieße sie sogar. Sie zu genießen, ist das Gegenteil von Abwehr. Hör auf, einen Damm zu bauen und genieße das, was bereits vorhanden ist.

Welche Emotion ist in dieser Enge enthalten?

Angst.

Dann entspanne dich noch mehr und lass Angst auftauchen.

….

Und lass noch mehr davon auftauchen.

….

Kommt der Gedanke „ich bin nicht gut genug“ daher, Aufmerksamkeit, Kontrolle, Sicherheit, Freiheit oder Einheit zu wollen?

Liebe wollen.

OK, Liebe wollen, Aufmerksamkeit wollen. Spüre wie es ist, wenn es dir an Liebe mangelt.

Und bist du bereit, von dieser Energie loszulassen?

Ich weiß nicht, wie.

Einfach vom Fokus fallenlassen. Als ob du ein Objekt einfach fallen lässt. Du gibst dir keine Mühe mehr es zu fokussieren oder aufrechtzuerhalten.

Bist du also nun bereit loszulassen?

Nein.

OK – möchtest du gerne loslassen?

Ja.

Kannst du loslassen?

Nein.

Könntest du weiterhin daran festhalten?

Ja.

Dann halt bitte richtig daran fest.

(Die Teilnehmerin lacht, ein Indikator dafür, dass sie bereits losgelassen hat.)

Absicht?

Ich erlaube mir, in einer wundervollen Partnerschaft zu leben.

Und noch mal: Die Absicht?

Ich erlaube mir, in einer wundervollen Partnerschaft zu leben.

Absicht?

Ich erlaube mir, in einer wundervollen Partnerschaft zu leben.

Welcher Einwand?

Ich habe kein Bild dafür, was ich damit meine.

Gut. Dann schließe die Augen und male dir bitte eine wundervolle Partnerschaft aus. Gebe dir genügend Zeit dafür.

Lass los von allem, was dich jetzt noch beschäftigt. Sehe einen gut aussehenden Mann vor dir. Die Details sind nicht so wichtig. Gut aus-

sehend, gut gekleidet. Und spüre in deiner Phantasie eine Umarmung so, als wäre sie ganz real. Und gemeinsam am Morgen aufstehen. Was passiert? Wie verläuft der normale Alltag zwischen euch? Der ganz normale Alltag. Welche Stimmung ist da? Und was passiert am Morgen? Und am Nachmittag? Und am Abend?

Und Augen auf... und Absicht.

Ich erlaube mir, in einer wundervollen Partnerschaft zu leben.

Danke. Absicht.

Ich erlaube mir, in einer wundervollen Partnerschaft zu leben.

Einwand?

Bin ich selbst noch attraktiv genug?

OK. Schau mal ein bisschen tiefer... hinter diesem Gedanken ... ist da Aufmerksamkeit wollen, Kontrolle wollen, Sicherheit wollen, Freiheit wollen, Einheit wollen?

Liebe und Aufmerksamkeit wollen.

Spüre wie es ist, das zu wollen aber nicht zu haben.

Und könntest du davon loslassen, das zu wollen?

Hmmm....

Nur für jetzt?

OK.

Und Absicht.

Ich erlaube mir, in einer wundervollen Partnerschaft zu leben.

Absicht.

Ich erlaube mir, in einer wundervollen Partnerschaft zu leben.

Gut. Kommt diese Absicht daher Aufmerksamkeit zu wollen?

Ja, auch.

Bemerke das bitte.

Und lass davon los, löse die Aufmerksamkeit davon.

….

Absicht.

Ich erlaube mir, in einer wundervollen Partnerschaft zu leben.

Kommt diese Absicht daher, Einheit zu wollen?

Ja….

Bemerke das bitte.

Und lass davon los, Einheit zu brauchen. Löse die Aufmerksamkeit davon.

….

Absicht.

Ich erlaube mir, in einer wundervollen Partnerschaft zu leben.

Ist da irgendein Kontrolle-wollen mit dabei?

Bisschen.

Wenn ja, fokussiere das. Und so gut es momentan geht, lass zu diesem Thema davon los, Kontrolle zu brauchen. Lass vom Kontrollmangel los.

….

Und Absicht.

Ich erlaube mir in einer wundervollen Partnerschaft zu leben.

Spielt bei dieser Absicht Sicherheit-wollen eine Rolle?

Nein.

OK.

Absicht.

Ich erlaube mir, in einer wundervollen Partnerschaft zu leben.

Einwand?

Nein, ich fühle es. Ich fühle, dass ich mir das erlaube. Es fließt durch meinen ganzen Körper. Es ist wunderschön.

OK, noch ein letztes Mal, Absicht.

Ich erlaube mir, in einer wundervollen Partnerschaft zu leben.

Es tauchte eine Woche später eine Flirtgelegenheit auf, bei der sie zurückgewiesen wurde. Da sie auf dieses Ereignis so reagierte, als sei ihre Absicht nicht real (mit emotionalem Schmerz), legten wir noch eine weitere Absicht-Sitzung ein, mit einem besonderen Augenmerk auf „Aufmerksamkeit wollen" (Kritik/Zurückweisung ablehnen). Ich ließ sie in der Meditation genießen, abgelehnt zu werden, bis es ihr nichts mehr ausmachte. Zwei weitere Wochen später lernte sie den kennen, mit dem sie heute (2 Jahre später) immer noch glücklich zusammen ist.

Advanced Reality Creation Sitzung 2

Der Coaching-Teilnehmer möchte Millionär werden. Meine Worte (Coach) werden *kursiv* dargestellt.

Warum möchtest du Millionär werden?

Ja, möchte doch jeder, oder?

Aber warum? Für was?

Ich kann dann tun und lassen, was ich will.

Also geht es dir eigentlich darum, dass du frei bist, immer das zu tun, was du willst?

Ja.

Schließe mal die Augen und erlaube dir, dich so eingeengt und unfrei zu fühlen, wie du dich im Leben schon fühlst.

(Leicht überrascht führt er den Fokus aus.)

Fühlst du das Freiheit-wollen im Gegensatz zu Freiheit-haben?

Ja.

Entspanne dich. Lass los. Erlaube dir, dich so frei und leicht zu fühlen, wie es momentan geht.

(Der Fokus wird ausgeführt.)

Und erlaube dir, dich so eingeengt und unfrei zu fühlen, wie du dich im Leben schon fühlst.

(Nach jeweils etwa 10 bis 20 Sekunden.)

Und erlaube dir, dich so frei und leicht zu fühlen, wie du dich manchmal schon fühlst.

Und erlaube dir, dich so eingeengt und unfrei zu fühlen, wie du dich im Leben schon fühlst.

Und erlaube dir, dich so frei und leicht zu fühlen, wie du dich manchmal schon fühlst.

Und erlaube dir, dich so eingeengt und unfrei zu fühlen, wie du dich im Leben schon fühlst.

(Das Hin und Her mit der Aufmerksamkeit ist die mentale Version von Absicht und Einwand. Das Negative, das erlaubt wird, löst sich nach und nach auf. Das Positive, das erlaubt wird, verstärkt sich nach und nach. Der Grund dafür ist, dass das Universum 100 % Licht / Positive Energie ist.)

Und erlaube dir, dich so frei, reich und leicht zu fühlen, wie du dich schon fühlst.

Und erlaube dir, dich so eingeengt, arm und unfrei zu fühlen, wie du dich schon fühlst.

Und erlaube dir, dich so frei, entspannt und leicht zu fühlen, wie du dich schon fühlst.

Wie fühlt es sich jetzt an?

Freier. Besser.

Wir beendeten die Sitzung hier. Die Geldängste des Coaching-Teilnehmers waren mit dieser Sitzung verschwunden. Zu diesem Thema hätten wir jedoch weiterarbeiten können um noch höhere Energieebenen zu erreichen.

Advanced Reality Creation Sitzung 3

Der Coaching-Teilnehmer möchte glücklich sein.

„Ich fühle mich oft schlapp, ausgelaugt, energielos und traurig. Vielleicht habe ich Depressionen“ ist sein Ausgangspunkt. „Ich bin entspannt, glücklich und energievoll“ seine Absicht. Es war nicht seine erste Sitzung mit mir, folglich konnte er auch fortgeschrittenen Coaching-Anweisungen folgen.

Absicht?

Ich bin entspannt, glücklich und energievoll.

Einwand?

Ich bin jetzt gerade wieder schlapp. Es ist so, als ob das leiseste Anzeichen von Mühe oder Arbeit mich schon überfordert. Ich glaube, es ist chemisch. Vielleicht sollte ich mein Essen umstellen.

Moment. Bitte nur ein Einwand auf einmal. Erlaube dir eben mal voll und ganz, die Schlappheit zu fühlen. Heiße sie willkommen. Genieße sie sogar. Tue innerlich so, als wolltest du mehr davon. Bringe noch mehr davon hoch. Atme damit.

Gibt es gerade irgendeinen Zusammenhang mit Aufmerksamkeit, Kontrolle, Sicherheit, Freiheit oder Einheit wollen?

Kontrolle wollen. Kontrolle über meinen Zustand.

OK, betrachte das, nimm wahr, wie du Kontrolle willst. Nimm wahr, wie es dir an Kontrolle mangelt.

Könntest du, für jetzt, davon loslassen, Kontrolle zu wollen? Könntest du dich einfach entspannen und das, was da ist erlauben?

Ja.

Und schau, ob da Selbstkritik mit im Spiel ist.

Ja.

Dann bemerke, wie du dich selbst bemängelst, kritisierst, runtermachst und wie du dadurch noch schlapper wirst. Bemerke, welchen Druck du auf dich selber ausübst.

Ja, sehe ich.

Und könntest du, so gut es momentan geht, davon loslassen, dich selbst runterzumachen?

OK.

Könntest du dir, so gut es momentan geht, Liebe, Aufmerksamkeit und Anerkennung geben?

OK.

Gebe dir selbst noch ein bisschen Liebe, sei es in Form von Energie, Visualisierung, Schulterklopfen, Erinnerung an deine guten Seiten, Geduld, Öffnung oder wie auch immer. Gebe dir Liebe.

Und Augen auf. Absicht.

„Ich bin entspannt, glücklich und energievoll."

Danke. Nochmal, Absicht.

„Ich bin entspannt, glücklich und energievoll."

Einwand?

Ich fühle mich immer noch ein bisschen schlapp. Schon etwas entspannter als vorhin, aber immer noch schwer irgendwie.

(Anmerkung für Leser: Es gibt viele Arten, wie man damit umgehen könnte, dies sind nur Beispiele.)

Wo ist denn das Schweregefühl genau?

In der Stirn. Es ist eine Schwere an den Augenlidern und auch im dritten Auge. Eine Art Dauermüdigkeit.

Sei bitte mit deiner Aufmerksamkeit jetzt dort, bei und in der Stirn. Und verweile. Gebe diesem Bereich Geduld, Raum und Zeit.

(60 Sekunden sind vergangen.)

OK.

Gebe diesem Bereich noch mehr Aufmerksamkeit, Raum und Zeit. Bleibe mit neutraler Haltung dort, untersuche und fühle die Energie, die dort ist.

(3 Minuten sind vergangen.)

Erlaube, dass die Energie da ist.

OK.

Absicht.

„Ich bin entspannt, glücklich und energievoll."

Absicht.

„Ich bin entspannt, glücklich und energievoll."

Und was ist deine Absicht?

„Ich bin entspannt, glücklich und energievoll."

Was ist deine Intention?

„Ich bin entspannt, glücklich und energievoll."

Irgendwelche Einwände dazu?

Vielleicht habe ich Depressionen.

Danke. Schau diesen Gedanken, diesen Glaubenssatz an.

Kommt dieser Gedanke von Kontrolle, Sicherheit, Aufmerksamkeit, Freiheit oder Einheit wollen?

Aufmerksamkeit wollen.

Gut. Könntest du die Aufmerksamkeit davon lösen, Aufmerksamkeit zu wollen?

Ja.

Danke. Absicht?

„Ich bin entspannt, glücklich und energievoll."

Einwand?

Ich lass mich im Alltag dauernd ablenken.

Schau diesen Gedanken bitte an. Erinnere dich an Fälle, wo du dich in letzter Zeit hast ablenken lassen.

Ist da ein Kontrolle, Freiheit, Einheit, Sicherheit, Aufmerksamkeit wollen dabei?

Keine Lust auf Arbeit haben, also Freiheit wollen.

Lass davon los.

Absicht.

„Ich bin entspannt, glücklich und energievoll."

Einwand.

Ich fühle mich nicht glücklich.

Wie fühlst du dich denn?

Ganz normal. Wie immer, einfach nur normal. Langweilig.

Schau den Gedanken an.

Da ist das Gefühl, dass es zu viel wäre, immer glücklich zu sein. Dass es verschwendete Energie wäre. Dass es eine Knappheit an Energie gibt.

Und das kommt wiederum von Energie wollen.

Könntest du davon loslassen, Energie zu wollen und stattdessen die Energie spüren, die du schon hast und bist?

OK.

Absicht.

„Ich bin entspannt, glücklich und energievoll."

Einwand?

Ich fühle, wie die Absicht Energie in mir erzeugt. Ein angenehmes Kribbeln in der Stirn.

Könntest du davon loslassen und schauen, ob es noch besser wird?

OK.

Absicht.

„Ich bin entspannt, glücklich und energievoll."

Einwand?

Ja, ich fühle das.

Absicht?

„Ich bin entspannt, glücklich und energievoll."

Einwand?

Nein.

Absicht?

„Ich bin entspannt, glücklich und energievoll."

OK. Arbeite die Sitzung in einer Woche noch mal durch und löse das, was auftaucht.

Noch einmal, Absicht.

„Ich bin entspannt, glücklich und energievoll."

Die Sitzung und auch seine Vertrautheit mit der Reality Creation Methode führten zu einer Steigerung seiner Lebensenergie. Mit der Steigerung der Lebensenergie geht auch „glücklich sein" einher. Tatsächlich meinen Menschen mit „glücklich sein" eigentlich einen Zustand, sie meinen eigentlich, dass sie *Energie* haben. Wohlbefinden ist Energie und Energie ist Wohlbefinden.

Wenn es „nicht funktioniert“

Dass „es nicht funktioniert“ ist zwar ein häufig gehörter Einwand, gehört aber eigentlich nicht in das Weltbild des Realitäten-Schöpfers. Dessen Einstellung ist, etwas zu fokussieren *bis* es eintritt, *bis* es funktioniert. Die Option „nicht funktionieren“ ist darin nicht enthalten. Was ist Plan B, falls Plan A nicht klappt? Im Reality Creation ist Plan B Plan A. Somit gibt es auch kein „Herantasten“ und „Testen“ „ob es funktioniert“. Denn streng genommen ist das Fokussieren keine „Methode“, sondern jedem als *angeborene Fähigkeit* gegeben. Du „testest“ auch nicht, ob das Atmen funktioniert – atmen ist das natürlichste, das es gibt. Die Frage ist also nicht, ob es funktioniert, sondern *ob du bereit bist zu fokussieren, also dich mit deinem Ziel zu beschäftigen, bis du es erreichst*. Natürlich kann es sein, dass die Herangehensweise geändert werden muss, die Aktionen oder der Kurs geändert werden müssen – aber es gibt keinen Grund vom ursprünglichen Ziel abzuweichen. Ein Ziel aufzugeben, weil man angeblich ein besseres gefunden hat, ist meistens (nicht immer, aber meistens) eine faule Ausrede, weil man den Glauben an das ursprüngliche Ziel aufgegeben hat. Es geht nicht so sehr darum, welches Ziel man hat, sondern um die Großartigkeit des Erreichens an sich. Somit ist fast jedes Ziel, das deinem Herzen und deiner Integrität entspricht, ein geeignetes Ziel.

Du funktionierst und das Erreichen von geeigneten Zielen funktioniert. Egal, welche Methode du persönlich benutzt, sei es die Methoden dieses Buches oder andere, es lohnt sich dranzubleiben, egal welche Schwierigkeiten auftauchen. „Funktioniert nicht“ gibt es nicht. Bleib fokussiert.

Die Absicht regelmäßig zu wiederholen hat auch eine Wirkung, wenn das Ziel nicht sofort erreicht wird. Auch wenn du nach Monaten immer noch „nichts“ erreicht hast, solltest du mit dem Aussprechen der Absicht fortfahren. Wieso? Weil das bloße Aussprechen dich für den Tag ausrichtet und innere Begrenzungen hochbringt. Somit ist das Aussprechen der Absicht ein ideales Werkzeug, um letztlich alle Begrenzungen (und nicht nur die bezüglich des Ziels) zu verarbeiten und loszulassen. Es geht im Leben nicht nur um das Erreichen der Bergspitze, sondern vor allem um alles, was bis dahin passiert.

Geeignete Ziele

Ob ein Ziel geeignet ist oder nicht, kannst du anhand der folgenden Checkliste prüfen. Vergebe jeweils einen Punkt von 1 bis 3, je nachdem wie sehr die Aussage zutrifft.

Zielformulierung:____.

____.

- Das Ziel dient einem der Hauptlebensbereiche Gesundheit, Beruf, Finanzen, Liebe oder Spiritualität. ________.
- Das Erreichen des Ziels macht dich zu einem Menschen, der mehr Zeit, Mitgefühl und Aufmerksamkeit für andere und den Rest der Welt hat. ________.
- Schon allein der Weg zum Ziel (und nicht nur das Erreichen) ist interessant, lehrreich oder macht Spaß. ________.
- Das Ziel macht dich kreativer oder verantwortlicher. ________.
- Das Ziel dient der Menschheit oder anderen Menschen. ________.
- Das Erreichen des Ziels macht dich unabhängiger und selbstbestimmter. ________.
- Wenn du an das Ziel denkst, fühlst du Freude oder Enthusiasmus. ________.
- Das Erreichen des Ziels hängt hauptsächlich von deinen Aktionen (statt von Umständen) ab. ________.
- Das Ziel ist mit anderen Zielen, die du hast, leicht vereinbar. ________.
- Das Ziel ist realistisch erreichbar und dennoch eine Herausforderung. ________.
- Du glaubst, dass du das Ziel erreichen kannst. ________.

Addierte Gesamtpunktzahl: ____.

Auflösung

33-24 Punkte: Das Ziel ist auf jeden Fall geeignet. Es ist sehr wahrscheinlich, dass du es erreichst.

23-15 Punkte: Das Ziel ist geeignet, wenn du es umformulierst oder ein Zwischenziel (kleineres Ziel auf dem Weg zum größeren) nimmst.

14-5 Punkte: Das Ziel ist nicht geeignet. Es hat nicht genug Energie, um sich zu erfüllen. Wähle bitte ein anderes.

5-0 Punkte: Dieses Buch ist nicht für dich geeignet. Lege es beiseite.

Wenn dein Ziel mindestens 24 Punkte hat, dann ist es ein solches, das nicht relativiert oder aufgegeben werden sollte. Bleib dran, bis es erreicht ist.

Loslassen

In der fortgeschrittenen Variante der Methode ist öfters vom „Loslassen" die Rede. Damit keine Missverständnisse auftauchen, hier eine Liste von Synonymen im Kontext des Reality Creation.

Emotionale Auflösung.

Auflösung von Schwere in der Brust.

Auflösung von Schwere im Solar-Plexus.

Auflösung von Schwere im Bauch.

Auflösung von Schwere in der Stirn.

Auflösung von Schwere im Kronenchakra.

Auflösung von emotionaler Schwere, Enge, Ziehen, Stechen.

Sich öffnen.

Erlauben.

Willkommen heißen.

Fließen lassen.

Sein lassen.

Da sein lassen.

Erlauben, dass es durchfließt.

Erlauben, dass es durchgeht.

Erlauben, dass es vorübergeht.

Aufhören abzuwehren.

Aufhören, es ändern zu wollen.

Ein Fenster in dem Körperbereich öffnen.

Ein Fenster dort öffnen.

Energie hochkommen lassen.

Damit atmen.

Hindurchgehen.

Zum Zentrum gehen.

Zum Kern der Emotion gehen.

Erlauben, dass es sich auflöst.

Die Aufmerksamkeit davon lösen.

Aufhören zu reagieren.

Konfrontieren.

Alle Gedanken, Erinnerungen und Gefühle dazu auftauchen lassen.

Alle Gedanken, Erinnerungen und Gefühle dazu willkommen heißen.

Fühle es.

Fühle es einfach nur.

Nehme das, was ist, wahr.

Anerkenne es.

Entspanne dich damit.

Entspanne dich in das Gefühl hinein.

Eines dieser Variationen wird dafür sorgen, dass sich das Thema auflöst. Tatsächlich löst sich nie die Energie an sich auf, sondern nur der Widerstand dagegen. Ist kein Widerstand deinerseits mehr da, fließt die Energie weiter. Es gibt kein einziges unangenehmes Gefühl, keinen einzigen unangenehmen Zustand, der notwendig ist oder der nicht auf Widerstand zum Weg deiner Seele hinweist. Dein natürlicher Zustand ist natürliches Wohlsein. Und es gibt keinen Zustand, der nicht aufgelöst werden könnte, wenn man die Abwehr entspannt.

Loslassen ist sehr einfach

Das Loslassen von Problemen – auch schwerwiegenden oder solchen, die seit langer Zeit bestehen – ist eigentlich relativ einfach. Es ist ein Irrtum zu glauben, dass es viel Aufwand bräuchte, um etwas zu heilen. Tatsächlich geht es nur darum, die Aufmerksamkeit vom Thema zu lösen, anstatt zu versuchen es zu ändern, erklären, rechtfertigen, es zu lösen, heilen, loszuwerden und so weiter. Die andauernde Beschäftigung damit hält es am Leben, fügt dem Energie hinzu.

Als Coach verwende ich etliche Formulierungen, um Coaching-Teilnehmer darin zu unterstützen, loszulassen. Manchmal frage ich direkt „könntest du davon loslassen?", doch in Fällen, in denen ich den Widerstand des Teilnehmers spüre, benutze ich andere Formulierungen, damit verstanden wird, wie leicht es ist.

Wenn die Antwort die Loslass-Frage „Nein" ist, frage ich „könntest du daran *festhalten*?" Das bewusste Festhalten der Energie führt manchmal zur Erkenntnis der Absurdität des Festhaltens – wodurch ein natürliches Loslassen geschieht.

Alternative Formulierungen: Könntest du aufhören, dem Aufmerksamkeit zu geben? Könntest du die Aufmerksamkeit davon lösen? Könntest du aufhören, dich dagegen zu wehren und das, was ist, einfach da sein lassen? Könntest du das einfach durchfließen lassen? Weitere Varianten wurden bereits in der Liste oben erwähnt.

Das Loslassen ist kein bisschen schwerer als ein physisches Objekt loszulassen. Nimm ein Objekt in die Hand. Und lasse es fallen. Das gleiche gilt für gedankliche und emotionale „Objekte". Um diese jedoch loszulassen müssen sie erst mal „in die Hand genommen werden". Das ist analog dem mentalen Fokussieren, Konfrontieren, Willkommen heißen, Hochkommen lassen. Du kannst nur von dem loslassen, was du wirklich hast. Deshalb ist das versuchte Wegdrücken des Themas keine Lösung. Du hast keine Kontrolle über einen Tanzpartner, den du wegschiebst. Die korrekte Haltung bei jeder Energiearbeit ist also einladend, willkommen heißend, einatmend statt unterdrückend und Atem anhaltend.

Reality Creation und der Eso-Träumer

Meine Coachings und Bücher lassen sich in der Buchhandlung im Bereich „New Age, Spiritualität und Esoterik“ finden. Und das ist richtig so, denn andere Abteilungen sind durchdrungen von der Illusion, dass es diese Energie, die alles durchdringt und erschafft gar nicht gibt! Und so muss man in der Wirtschaft, der Gesundheit, im Sport, in den Medien und in allen anderen Buchabteilungen (mit Ausnahme von Science-Fiction, Fantasy und Religion) so tun, als würde diese Energie nicht existieren und andere teilweise abstruse Begriffe dafür finden.

Nur eins von Tausenden von Beispielen: „The Broken Window Principle“ ist ein Begriff aus der Soziologie und Kriminologie. Das Prinzip besagt, dass wenn ein Haus heruntergekommen und vernachlässigt aussieht, die Wahrscheinlichkeit steigt, dass sich dort ähnliche andere Dinge und Menschen aufhalten – z. B. kaputte Fenster, Drogenhandel, traurige Bewohner, etc. In der Esoterik kennen wir dies als „Das Gesetz der Resonanz“ – wonach eine bestimmte Energie ähnliche andere Energien anzieht. Doch die Soziologen versuchen, es so zu erklären, so dass sie bloß keine esoterischen Konzepte oder Worte wie „Energie“ verwenden müssen.

Dennoch gibt es einiges, was mich auch an den „Esos“, die ich im Laufe der Jahre kennen gelernt habe, stört. Nicht menschlich stört, sondern aus meiner Sicht als Coach zur Erreichung verschiedener Ziele. Die Hauptstörung liegt in deren strikter Trennung zwischen „spirituell“ und „materiell“. Sie rennen umher und reden davon, dass „alles Eins“ und „alles Energie“ ist und trennen dann doch strikt zwischen beiden. Daraus tauchen dann in Bezug auf Ziele, Fehleinschätzungen wie die folgende auf: „Es reicht doch, wenn ich visualisiere und nichts dafür tun muss.“ In diesem Satz allein sind ein halbes Dutzend falsche Vorannahmen enthalten. So zum Beispiel, dass es für den Körper/Geist irgendeinen Unterschied zwischen der gedanklichen Vorstellung und dem physischen Erleben gibt. Trennt man zu stark zwischen beidem, indem man sagt „Das ist Phantasie, und das da ist echt“, wird das Visualisieren nicht die gewünschte Wirkung haben. Was Körper-Geist angeht, ist sowohl im BMW sitzen, als auch sich vorzustellen im BMW zu sitzen, das gleiche. Es generiert dieselben Energiewellen. Zu dieser falschen Vorannahme gehört dann auch, dass das „Tun“ oder die physische Aktivität nicht gemacht werden sollte oder überflüssig wäre. Das ist nicht der Fall. Die Sache, die man sich wünscht zu tun oder darauf hinzuarbeiten ist das gleiche, wie sie zu visualisieren und sogar häufig *einfacher* als das Visualisieren. Die meisten benutzen Reality Creation, weil sie denken, das Visualisieren wäre einfacher als das Arbeiten – *aber wenn das wahr wäre, würden die meisten häufiger visualisieren.* Nein, sowohl Tun als auch Denken lassen sich beide auf das Ziel ausrichten. Wichtig ist, dass diese auf das Ziel ausgerichtet sind, nicht welches der beiden Methoden – Tun oder Denken – du verwendest.

Die nächste falsche Vorannahme, die im Satz „Es reicht doch wenn ich visualisiere und nichts dafür tun muss“ enthalten ist, ist die Tendenz sich in „magisches Denken“ zu flüchten.
Die physische Welt ist jedoch *kein Hindernis.* Sie ist nicht „unmagisch“ und „unspirituell“. Die materielle Welt und der Alltag bestehen genauso aus Energiepartikel wie alles andere auch. Sowohl dein Auto als auch ein Erzengel bestehen aus Energie. Die Energie des Engels „schwingt auf einer anderen Frequenz“, aber das bedeutet nicht, dass das Auto abzulehnen oder zu überwinden ist.
Beim Leben auf der Erde geht es nicht darum „aufzusteigen“, denn man kommt ja von da oben auf die Erde herab. Stattdessen geht es darum, das Leben auf der Erde zu genießen. Es geht auch nicht unbedingt darum, Kontakt zu anderen Ebenen zu bekommen – hätte man das als Seele gewollt, wäre man erst gar nicht hergekommen. Da die Seele aus freier Wahl hergekommen ist, möchte sie auch hier sein und findet etwas an diesem Leben, das wunderbar ist. „Wegwollen“, „Aufsteigen wollen“, „Erleuchtung wollen“, „Spirituell sein wollen“ sind alles Widerstands-Programme gegen das Leben und gar nicht „spirituell“. Das meiste, was unter dem Etikett „Spiritualität und Esoterik“ verkauft wird, hat nichts damit zu tun.

Wenn du eine Absicht setzt, brauchst du dir keine Sorgen über das Tun, Handeln und Arbeiten machen. Was zu tun ist, ergibt sich. Die Absicht zu kreieren führt dazu, dass sich das Universum entsprechend deiner neuen Energie ausrichtet und verschiedene Gelegenheiten und Aktivitäten *anbietet*. Diese Aktivitäten abzuwehren, ist jedoch eine Selbst-Sabotage auf dem Weg zum Ziel. Bearbeite solche Widerstände meditativ, gebe sie auf, so dass du es geradezu genießt zu handeln, genießt Herausforderungen zu haben, genießt zu leben.

Jenseits von Dualität

Die nachfolgenden Meditationen dienen der Absicht, eine Reihe von inneren Polaritäten oder Dualitäten, Glaubenssätze, Widerstände und Aversionen, Wünsche und Begierden an einem Stück aufzulösen. Schon allein *ein* Durchgang aller Prozeduren wird viel auflösen und verändern, aber man kann die Prozedur auch mehrmals wiederholen – ebenso lange, bis keine emotionale Ladung, kein Energiestörfeld mehr zu den jeweiligen Themen besteht. Es ist auch ratsam, der Prozedurliste eigene Themen hinzuzufügen.

Jedes Thema besteht in Wirklichkeit aus zwei Themen. Wenn das Konzept „reich" existiert, existiert gleichzeitig auch „arm". Wenn du keine Lust hast abzuspülen, ist auch etwas in dir, das auch keine Lust hat *nicht* abzuspülen, weil sich sonst das Geschirr aufstapelt. Oft ist eine Seite sichtbar und dir bewusst und die andere Seite nicht sichtbar oder unbewusst, aber beide Seiten sind immer vorhanden. Das Thema „Armut" wäre dir erst gar nicht in den Sinn gekommen, wenn es den Wunsch nach Geld nicht gäbe. Gleichermaßen wäre das „keine Lust auf Abspülen" kein Problem, wenn nicht gleichzeitig die Aversion gegen Geschirr da wäre. Somit leistet der Körper-Verstand subtil Widerstand sowohl gegen das Abspülen, als auch gegen das Nicht-Abspülen, weshalb es solange dauert, bis es endlich erledigt wird. Und das gleiche gilt für alle anderen Themen: Man ist in einer Beziehung und möchte „endlich raus und frei sein". Man ist in keiner Beziehung und möchte „endlich mit jemanden zusammen sein". Dahinter steckt immer innerer Widerstand, das Ego oder Welt-Selbst, das *nie* mit dem, was Hier und Jetzt da ist, zufrieden ist. Hinter den zwei Polen ist eine dritte Energie: Der Beobachter, der nicht teil des Gedankenstroms, nicht teil der Geschichten des Verstandes ist, sondern in einem friedlichen Zustand von außen wahrnimmt. Dieser freie Zustand wird im Kontext der nachfolgenden Meditation vertieft.

Es wird nicht erwartet, dass du diese Prozedur an einem Stück ausführst. Nehme dir gerne nur ein Thema pro Meditationssitzung vor und bearbeite nur das. Die nachfolgende Abschrift ist auch als geführtes Audio-Programm als Teil des „Bliss Course" in unserem Shop www.realitycreation.org erhältlich. Für viele wird es leichter sein, es von Audio statt vom Buch zu machen.

Ob ich am Anfang der Zeilen das Wort „Bemerke“, „Fokussiere“, „Erlaube“, „Stell dir vor“, „Sehe“ oder sonst was schreibe, macht keinen Unterschied. Diese Worte sind beliebig austauschbar, sie deuten auf dasselbe hin, nämlich dem mentalen Schauen, vorzugsweise mit geschlossenen Augen.

Jedes der Punkte ist mindestens 5 Sekunden und höchstens 60 Sekunden zu fokussieren. Wie lange es braucht, etwas richtig wahrzunehmen, hängt vom eigenen Zustand und der Tagesstimmung ab.
Egal, welche Meditation oder mentale Methode du in deinem Leben schon probiert hast, ich bin mir sicher, dass die nachfolgende, die ich in anderen Büchern bereits als „Duality Surfing“ vorgestellt habe, eine der besten ist, die du je praktizieren wirst. Sie zu lesen, ist übrigens sehr langweilig – sie muss ausgeführt werden, um eine befreiende Wirkung zu haben.

Wohlbefinden

Bemerke eine Anspannung im Körper oder im Sein. Bemerke deinen Widerstand gegen diese Anspannung. Löse den Widerstand.

Bemerke eine Entspannung im Körper oder im Sein. Bemerke einen Widerstand gegen diese Entspannung. Löse den Widerstand.

Bemerke eine Anspannung im Körper oder im Sein. Lass die Anspannung da sein.

Bemerke eine Entspannung im Körper oder im Sein. Lass die Entspannung da sein.

Erlaube dir, so angespannt zu sein wie du im Leben schon bist.

Erlaube dir, so entspannt zu sein wie du im Leben schon bist.

Erlaube dir, so angespannt zu sein wie du momentan bist.

Erlaube dir, so entspannt zu sein wie du momentan bist.

Genieße es, angespannt zu sein.

Genieße es, entspannt zu sein.

Ruhe jenseits von Anspannung und Entspannung.

Geld

Stelle dir vor, wenig Geld zu haben. Löse den Widerstand dagegen, entspanne dich damit.

Stelle dir vor, viel Geld zu haben. Löse den Widerstand dagegen, entspanne dich damit.

Stelle dir vor, wenig Geld zu haben und sei OK damit.

Stelle dir vor, viel Geld zu haben und sei OK damit.

Stelle dir vor, wenig Geld zu haben und genieße es.

Stelle dir vor, viel Geld zu haben und genieße es.

Stelle dir vor, nie wieder Geld zu haben und erfreue dich daran.

Stelle dir vor, für immer Geld zu haben und erfreue dich daran.

Ruhe jenseits von Geld haben und nicht haben, als stilles Bewusstsein.

Partnerin/Partner

Stell dir vor, wie es ist, einen Partner zu haben.

Stell dir vor, wie es ist, keinen Partner zu haben.

Stell dir vor, wie es ist, einen Partner zu haben und lass das gut sein.

Stell dir vor, wie es ist, keinen Partner zu haben und lass das gut sein.

Stell dir vor, wie es ist, einen Partner zu haben und genieße das.

Stell dir vor, wie es ist, keinen Partner zu haben und genieße das.

Stell dir vor, wie es ist, einen Partner zu haben und wehre das ab.

Stell dir vor, wie es ist, keinen Partner zu haben und wehre das ab.

Stell dir vor, wie es ist, einen Partner zu haben und akzeptiere das.

Stell dir vor, wie es ist, keinen Partner zu haben und akzeptiere das.

Ehe/Partnerschaft

Sehe, wie es ist, Aufmerksamkeit vom Partner zu wollen. Lass davon los.

Sehe, wie es stattdessen ist, Aufmerksamkeit zu haben.

Sehe, wie es ist, wenn der Partner Aufmerksamkeit will. Höre auf, dich dagegen zu wehren.

Sehe, wie es ist, wenn der Partner Aufmerksamkeit hat.

Sehe, wie es ist, den Partner kontrollieren zu wollen. Lass davon los.

Sehe, wie es stattdessen ist, Kontrolle zu haben.

Sehe, wie es ist, vom Partner kontrolliert zu werden. Höre auf, dich dagegen zu wehren.

Sehe, wie es ist, Freiheit oder Trennung vom Partner zu wollen. Lass davon los.

Sehe, wie es stattdessen ist, Freiheit zu haben.

Sehe, wie es ist, wenn der Partner Freiheit will. Höre auf, dich dagegen zu wehren.

Sehe, wie es ist, wenn der Partner Freiheit hat.

Sehe, wie es ist, mit dem Partner zusammen sein zu wollen. Lass davon los.

Sehe, wie es stattdessen ist, mit dem Partner zusammen zu sein.

Sehe, wie es ist, wenn der Partner mit dir zusammen sein will. Höre auf, dich dagegen zu wehren.

Bemerke, wie du schaust, welche Energie von deinem Partner kommt. Kehre das um. Schau stattdessen, welche Energie von dir kommt. Diese Umkehrung löst jedes Beziehungsproblem.

Übergewicht

Erlaube dir, so dick zu sein wie du schon bist. So gut du kannst, entspanne dich damit.

Erlaube dir, so schlank zu sein, wie du schon bist. So gut du kannst, entspanne dich mit dem Gedanken der Schlankheit.

Erlaube dir, in der Phantasie noch dicker zu sein, als du bist. Übertreibe es.

Und erlaube dir, in der Phantasie noch schlanker zu sein, als du es bist. Übertreibe es.

Stell dir vor, dass du noch viel, viel fetter bist und auch für immer so bleibst. Es gibt keine Abhilfe.

Stell dir vor, dass du noch viel schlanker bist als du wolltest und für immer so bleibst. Es gibt keine Abhilfe.

Und sei dick.

Und sei schlank.

Dick.

Schlank.

Und entspanne dich jenseits der beiden Konzepte.

Überlege dir seriös, welche Maßnahmen du für das Abnehmen setzen könntest. Es müssen solche sein, an die dein Bewusstsein 100 % glaubt. Wenn du nicht glaubst, dass du nur durch Meditation abnehmen kannst, dann nimm etwas, das du tatsächlich glauben kannst.

Problem

Fokussiere etwas, das dich stört.

Höre auf, das verändern zu wollen.

Höre auf, dich dagegen zu wehren.

Lass es einfach sein.

Fokussiere, was du stattdessen möchtest.

Fokussiere, wie es wäre, das schon zu haben.

Höre auf, dich dagegen zu wehren.

(Setze mit dem gleichen Störfeld oder etwas anderem fort).

Fokussiere etwas, das dich stört.

Höre auf, das verändern zu wollen.

Höre auf, dich dagegen zu wehren.

Lass es einfach sein.

Fokussiere, was du stattdessen möchtest.

Fokussiere, wie es wäre das schon zu haben.

Höre auf, dich dagegen zu wehren.

(Setze mit dem gleichen Störfeld oder etwas anderem fort).

Fokussiere etwas, das dich stört.

Höre auf, das verändern zu wollen.

Höre auf, dich dagegen zu wehren.

Lass es einfach sein.

Fokussiere, was du stattdessen möchtest.

Fokussiere, wie es wäre, das schon zu haben.

Höre auf, dich dagegen zu wehren.

(Setze mit dem gleichen Störfeld oder etwas anderem fort.)

Fokussiere etwas, das dich stört.

Höre auf, das verändern zu wollen.

Höre auf, dich dagegen zu wehren.

Lass es einfach sein.

Fokussiere, was du stattdessen möchtest.

Fokussiere, wie es wäre, das schon zu haben.

Höre auf, dich dagegen zu wehren.

Setze solange fort, bis das gewählte Problem oder alle aktuellen Probleme komplett verschwunden sind.

Müssen und Sollen

Denke an etwas, von dem du denkst, dass du es tun musst oder sollst.

Denke daran, es zu tun und so gut du kannst, reduziere deine Abwehr.

Denke daran, es nicht zu tun und so gut du kannst, reduziere deine Abwehr.

Denke daran, es zu tun und so gut du kannst, sei OK damit, es zu tun.

Denke daran, es nicht zu tun und so gut du kannst, sei OK damit, es nicht zu tun.

Denke daran, es zu tun und so gut du kannst, genieße es, das zu tun.

Denke daran, es nicht zu tun und so gut du kannst, genieße es, das nicht zu tun.

Lass los von allem und sei jetzt hier.

Tun

Denke an etwas, das du regelmäßig tust aber nicht gerne tust.
Akzeptiere, das zu tun, so gut es geht.

Akzeptiere, das nicht zu tun, so gut es geht.

Akzeptiere, das zu tun, so gut es geht.

Akzeptiere, das nicht zu tun, so gut es geht.

Genieße es, das zu tun, so gut es geht.

Genieße es, das nicht zu tun, so gut es geht.

Genieße es, das zu tun, so gut es geht.

Genieße es, das nicht zu tun, so gut es geht.

Genieße es, das zu tun, so gut es geht.

Genieße es, das nicht zu tun, so gut es geht.

Denke an etwas, das du regelmäßig tust und gerne tust.
Akzeptiere, das zu tun, so gut es geht.

Akzeptiere, das nicht zu tun, so gut es geht.

Akzeptiere, das zu tun, so gut es geht.

Akzeptiere, das nicht zu tun, so gut es geht.

Genieße es, das zu tun, so gut es geht.

Genieße es, das nicht zu tun, so gut es geht.

Genieße es, das zu tun, so gut es geht.

Genieße es, das nicht zu tun, so gut es geht.

Genieße es, das zu tun, so gut es geht.

Genieße es, das nicht zu tun, so gut es geht.

(Anmerkung: Auch bei Dingen, die wir gerne tun, hegen wir subtilen Widerstand. Das liegt daran, dass das irdische Ego allgemein allem gegenüber Widerstand hegt.)

Haben

Denke an etwas, das du hast aber nicht haben möchtest. In deiner Phantasie oder im mentalen Fokus….

Erlaube es, dir das zu haben.

Erlaube es dir, das nicht zu haben.

Erlaube es dir, das zu haben.

Erlaube es dir, das nicht zu haben.

Erlaube es dir, das zu haben.

Erlaube es dir, das nicht zu haben.

Erlaube es dir, das zu haben.

Erlaube es dir, das nicht zu haben.

Denke an etwas, das du nicht hast aber haben möchtest. In deiner Phantasie oder im mentalen Fokus….

Erlaube es dir, das zu haben.

Erlaube es dir, das nicht zu haben.

Erlaube es dir, das zu haben.

Erlaube es dir, das nicht zu haben.

Erlaube es dir, das zu haben.

Erlaube es dir, das nicht zu haben.

Erlaube es dir, das zu haben.

Erlaube es dir, das nicht zu haben.

Denke an etwas, das du bereits hast und sei dankbar dafür.

Sein

Denke an etwas, das du bist aber nicht sein möchtest. In deiner Phantasie oder im mentalen Fokus….

Erlaube es dir, das zu sein.

Erlaube es dir, das nicht zu sein.

Erlaube es dir, das zu sein.

Erlaube es dir, das nicht zu sein.

Erlaube es dir, das zu sein.

Erlaube es dir, das nicht zu sein.

Erlaube es dir, das zu sein.

Erlaube es dir, das nicht zu sein.

Denke an etwas, dass du nicht bist aber sein möchtest. In deiner Phantasie oder im mentalen Fokus….

Erlaube es dir, das zu sein.

Erlaube es dir, das nicht zu sein.

Erlaube es dir, das zu sein.

Erlaube es dir, das nicht zu sein.

Erlaube es dir, das zu sein.

Erlaube es dir, das nicht zu sein.

Erlaube es dir, das zu sein.

Erlaube es dir, das nicht zu sein.

Entspanne dich und lass von all dem los.

Anhand der vorangegangen Beispiele weißt du nun selbst, wie *Duality-Surfing* funktioniert und kannst es zu den gleichen Themen oder anderen Themen in verschiedenen Variationen durchführen. Das Resultat ist immer die Transzendenz von Dualität und der natürliche Zustand der Erleichterung und Freiheit (vor allem Wahlfreiheit), die damit einhergeht. Es wäre nicht vermessen zu sagen, dass du mit dieser Methode ein Werkzeug zur Meisterung deines Bewusstseins in seinem gesamten Spektrum besitzt.

Energieebenen

In meinem Buch „Levels of Energy“ beschreibe ich ausführlich jede Energie- und Bewusstseinsebene auf einer Skala von 1 bis 1000. Ich gebe hier nur eine kleine Übersicht wieder in Referenz darauf, von welcher Ebene Einwände kommen. Kann man einen Einwand einer bestimmten Ebene zuordnen, tut sich der Verstand leichter mit dem Loslassen.

Die 1-1000 Skala ist wie ein Thermometer von Kalt bis Heiß, von Dunkelheit bis Licht. Allerdings lehrt uns die Skala, dass Dualitäten wie Licht/Dunkel nicht existieren. Es gibt nur eine Sache, nämlich Licht, und dann eben verschiedene Abstufungen des Lichts auf einer Skala. Ob also 10 Grad auf dem Thermometer heiß oder kalt sind, hängt davon ab, wo man vorher stand. Für den Menschen sind 10 Grad angenehm, er würde diese als „Gut“ bezeichnen. Wenn er aus einer arktischen Region kommt, würde er 10 Grad sogar als sommerlich warm empfinden. Im Vergleich zu Minus 30 sind die 10 Grad super. 20 Grad würde er aber als zu warm empfinden; die Temperatur, die für die meisten von uns gerade richtig ist. Starke Minusgrade sind zur Frischhaltung von Fleisch perfekt. Für den Südländer wären sie unerträglich, ja sogar tödlich.

In der Welt der Philosophie und Politik tobt seit Jahrhunderten ein Krieg zwischen dem Absolutismus, wie er beispielsweise vom Islam, Christentum und Judentum oder von rechter Politik geprägt ist und dem Relativismus, wie er beispielsweise vom Marxismus, Atheismus, bestimmten Philosophen und linker Politik geprägt ist. Wer die Energieskala versteht, weiß, dass diese Weltanschauungen, *die beide unsere Welt dominieren*, falsch liegen. Absolutismus besagt, dass es Richtig und Falsch oder Gut und Böse gibt und das, was gut und was böse ist, immer ganz klar definierbar ist. Relativismus besagt, dass es kein Gut und Böse oder Richtig und Falsch gibt und dass sowohl Wahrheit als auch Schönheit rein subjektiv sind und im Auge des Betrachters liegen. Daraus leiten sich dann tausende weiterer Lehren, Betrachtungsweisen und schließlich Verhaltensweisen ab.

So würde der Absolutismus beispielsweise sagen „Marihuana rauchen ist falsch" und der Relativismus würde sagen „Marihuana rauchen ist weder falsch noch richtig". Ist man mit der Skala vertraut, weiß man, dass Marihuana rauchen auf Stufe 1-200 sehr hilfreich ist, auf 200-300 neutral und von 300-500 schädlich ist. Doch stattdessen schlagen sich beide Seiten die Köpfe ein – zu Milliarden weiterer Themen.

Aus relativistischer Sicht wäre es richtig zu sagen „Des einen Terrorist ist des anderen Freiheitskämpfer". Das mag zwar stimmen, enthält jedoch nicht das Verständnis, dass der Terrorist auf Energieebene 100 und der Freiheitskämpfer auf Energieebene 400 arbeitet.

Aus absolutistischer Sicht wäre es richtig zu sagen „Der Terrorist ist böse". Das mag zwar aus unserer Sicht stimmen, aber für alle Energieebenen unter 100 ist er der Retter und Erlöser. Er hebt das Energieniveau 50 hoch zu 100.

In „Levels of Energy" nenne ich die Weltanschauung jenseits von Absolutismus und Relativismus „spektrales Bewusstsein", weil es sich des Spektrums der Skala bewusst ist. Es ist also richtig, dass es absolutes Gut und absolutes Falsch nicht gibt, aber für dich persönlich sollte es das durchaus geben. Alles, was dich von da aus, wo du stehst, nach unten zieht, ist in diesem Sinne *falsch*. Und so wird alles, sowohl absolut als auch relativ – eben non-dual.

Spektrales Bewusstsein sieht alles auf einem Spektrum und kann auch von jedem Objekt, jedem Menschen, jeder Institution sowohl gute als auch nicht so gute Versionen wahrnehmen. Somit wäre Religion beispielsweise nicht „gut" oder „böse", sondern: Welche Version der Religion? Es gibt in der Religion das Allerhöchste und Allertiefste. Ist Fast-Food gesund oder nicht? Auch hier kommt es darauf an, welche Version. Differenziertes Sehen ist intelligentes Sehen und eröffnet dir die Wahrheit über alles. Wenn du nur in Schwarz-Weiß sehen kannst, offenbart sich dir keine Wahrheit.

1 Extrem niedrige Energieebenen

Psychose, Scham, Schuld, Hass, Apathie, Depression, Kummer, Paranoia, Angst.

2 Niedrige Energieebenen

Begierde, unerfülltes Verlangen, Wut, Beschwerde, Frustration, Stolz, Arroganz, Überforderung.

3 Mittlere Energieebenen

Langeweile, Funktionalität, Normalität, Fleiß, Mut, Hoffnung, Interesse, Neutralität, Enthusiasmus.

4 Hohe Energieebenen

Produktivität, Kreativität, Freundlichkeit, Freude, Lernbegierde, Optimismus, Liebe, Schönheit.

5 Sehr hohe Energieebenen

Ekstase, Friede, Glückseligkeit, spirituelle Erleuchtung.

Jeder Mensch hat Anteile auf jeder Ebene. Doch solche, die sich gewohnheitsmäßig auf Ebene 1 befinden, werden die Reality Creation Methode nicht anwenden können. Dafür ist einfach nicht genug Energie vorhanden. Wenn sie überhaupt etwas erreichen, ist es destruktiv, weil es von negativen Gefühlen motiviert ist. Jede Art von Handlung, die von Leid motiviert ist, kreiert noch mehr Leid. Auch auf Ebene zwei wird man die Methode kaum anwenden können. Das „jeder" „alles haben kann was er will" ist ein Mythos aus der Esoterik-Literatur, stimmt aber nicht mit der Realität überein. Um etwas Gutes zu erleben, muss etwas Gutes ausgestrahlt werden, das ist das Gesetz der Resonanz. Auf Ebene 3 kann man die Reality Creation Methode zwar anwenden, bräuchte aber noch einiges an Arbeitsaufwand und herkömmliche Methoden, um etwas zu erreichen. Da ein Großteil der Menschheit hier noch starke Energieanteile hat, ist es mit bloßem Visualisieren für die meisten nicht getan. Wer abnehmen möchte, muss dann zusätzlich Sport machen und Diät halten. Zusammen mit dem Visualisieren erreicht die 3-er Ebene jedoch so das Ziel. Wer Geld machen möchte, darf Reality Creation machen, sollte aber zusätzlich mehr Praktisches über Geld, Immobilien, Aktien und was auch immer damit einhergeht, lernen. Ebene 4 ist die ideale Zielgruppe der Reality Creation Bücher. Hier funktioniert das Kreieren oft relativ mühelos, manchmal mühevoll und manchmal ganz ohne Notwendigkeit der Handlung (auf dieser Ebene ist das kein „magisches Denken" mehr, sondern Realität, weil man hier wirklich im Flow, im Fluss des Lebens ist und alles „wie von allein“ zu passieren scheint). Auf Ebene 5 ist das Kreieren am leichtesten – da braucht es nur eine Intention, bis etwas wahr wird. Allerdings fehlt auf dieser Ebene meist das Interesse an Zielen oder Reality Creation.

Wie weit du mit einer Absicht bist, kannst du an der Qualität deiner Einwände erkennen. Wenn die Absicht leicht noch Einwände aus Ebene 1 hervorruft, braucht es noch eine Weile bevor sich die Absicht manifestiert.

Charaktereigenschaften erfolgreicher Menschen

Eines oder mehrere der folgenden Charaktereigenschaften zu üben und zu pflegen erhöht dein Energieniveau und damit deinen Erfolg in allen Lebensbereichen:

Ebene 3	Ebene 4	Ebene 5
fleißig	erreichbar	glücklich
innerlich ruhig	liebevoll	humorvoll
zufrieden	freudig	liebend
locker	ethisch	gesund
freundlich	fair	rational
standhaft	anständig	weise
diplomatisch	schützend	initiativ
verlässlich	fokussiert	nachdenkend
optimistisch	ehrenhaft	ästhetisch
stabil	reif	diszipliniert
beständig	vergebend	vertrauend
tolerant	visionär	verantwortlich
flexibel	mutig	wertschätzend
ehrlich	demütig	schön
ausgeglichen	idealistisch	intuitiv
hilfreich	zuverlässig	bewusst
höflich	angenehm	loyal
normal	froh	Interesse an anderen
mitfühlend	respektierend	empathisch
ordentlich	interessiert	intuitiv
		sicher

Am besten, man sucht sich einen Charakterzug pro Woche oder Monat aus und übt und fokussiert nur diesen, exklusiv. Als Mensch hast du diese göttlichen Qualitäten bereits in dir, es geht nur noch darum, dich in der ganzen Hektik und Ablenkung des Alltags daran zu erinnern. Zur Unterstützung empfehle ich dir den „Charakterzug der Woche“ auf eine Karte zu schreiben, in die Tasche zu stecken und überallhin mitzunehmen.

Spirituelle Ebenen

Bei der Verwendung der *Reality Creation Methode* hängt die Manifestierung der bevorzugten Realität zum größten Teil von deinem persönlichen Willen ab. Die Methode trainiert geradezu den persönlichen Willen. Mir ist keine Methode bekannt, die dich willensstärker macht als diese. Erst wenn du den persönlichen Willen bis zum Äußersten trainiert und dessen Wirkung erlebt hast, wirst du erkennen, dass sogar dieser Grenzen hat und wirst beginnen, nach etwas Höherem als das „Ich“ zu suchen. Du beginnst dich dann für den göttlichen Willen zu öffnen. Du weißt, dass du sehr viel kannst, mehr als du dir hast erträumen lassen, aber du allein, auf dich gestellt, kannst nicht alles. Und so beginnst du der Kraft zu vertrauen, die alles erschaffen hat – dich, andere, den Planeten, das Universum. Du beginnst zu vertrauen, dass diese Macht und Kraft genau weiß was sie tut. Und so nimmt dein Leben erneut eine Wende und bekommt noch eine zusätzliche Erfahrungstiefe und spirituelle Dimension.

Wenn du den göttlichen Willen zur Kreation-von-Realität benutzt ist es besser, keine Bittgebete zu stellen, sondern aufzuschreiben was du gerne möchtest und dann „das Universum“ entscheiden zu lassen, was es davon liefert und was nicht. Menschen, die dieses Urvertrauen in den Ursprung haben, müssen etwas nur einmal als Intention aufschreiben und es manifestiert sich. Und das, was sich nicht manifestiert wird schon seinen Grund haben – man vertraut dem göttlichen Plan. Die regelmäßige Erstellung von „Intentionslisten“, wo du deine Absichten und Wünsche an höhere Kräfte „abgibst“, ist zu empfehlen. Das funktioniert, solange du wirklich *abgibst*. Wenn du versuchst zu sagen wie, wann und wo es sich erfüllen soll, gibst du nicht ab, sondern versuchst es zu kontrollieren. Am besten, du vergisst die Liste, nachdem du sie schreibst.

Das „Ich“ oder der „Verstand“ können die Unendlichkeit nicht begreifen. Wenn es für dich an der Zeit ist, dich spirituell weiterzuentwickeln, ist es deshalb ratsam, meditativer zu werden und die Realität seltener zu zer-denken. Empfange das Leben, statt zu versuchen, alles mit dem Verstand zu fassen. Der Verstand bringt dich weit, aber er bringt dich nicht über die Schwelle hinaus. Die beste Haltung ist, davon auszugehen, dass du überhaupt nichts weißt. Das genaue Gegenteil versucht uns die Informationsgesellschaft vorzugaukeln, nämlich dass wir „alles wissen“ und „alles wissen können“. Im Vergleich zur Unendlichkeit weißt du überhaupt nichts.

Suche dir eben mal in deiner Umgebung ein Objekt zum Anschauen aus. Während du da sitzt und das Objekt begutachtest, sage dir oder gehe davon aus, dass du nichts über das Objekt weißt.

„Ich weiß nichts darüber.“

Gehe davon aus, dass du nichts verstehst.

„Ich verstehe überhaupt nichts.“

Gehe davon aus, dass du nicht weißt, was es bedeutet.

„Ich weiß nicht, was das bedeutet.“

Soeben hast du den Verstand befreit und dich zum „Nullpunkt“ zurückgebracht. Erst in diesem Zustand besteht überhaupt die Möglichkeit, dass das Universum dir enthüllt, was etwas ist oder was etwas bedeutet.

„Gott, ich bitte dich, mir zu enthüllen, was das bedeutet.“

Jedes Mal, wenn du versuchst, etwas zu verstehen, herauszufinden oder eine Antwort auf etwas zu bekommen, gehst du davon aus, dass du es nicht schon weißt, gehst du davon aus, dass du vom Ganzen getrennt bist, dass du keinen Zugang zur Unendlichkeit hast. Auf einer fortgeschrittenen Stufe spiritueller Praxis eignet es sich daher, davon loszulassen, alles selber verstehen zu wollen. Das ist einfach ein mentales Entspannen und passiert innerhalb weniger Sekunden:

Könntest du davon loslassen, das verstehen zu wollen?

Könntest du einfach davon loslassen, es begreifen zu wollen?

Könntest du erlauben, dass es sich von alleine enthüllt?

Am besten lässt du die Fragen „warum“ ganz weg. Warum ist kein gültiger Bestandteil einer Unendlichkeit, denn „warum“ geht davon aus, dass es eine Ursache für etwas gibt. Aber wenn du dir eben mal die Unendlichkeit vorstellst: Wie könnte es darin eine Ursache für irgendetwas geben? Da es nicht endlich ist, gibt es keinen Anfangspunkt, und damit auch keine Ursache.

Anders ausgedrückt: Wenn ich mit einem Pfeil einen Apfel von deinem Kopf schieße, der Apfel auf einen Käfer fällt und diesen zerquetscht, was war die „Ursache“ für den Tod des Käfers? War ich es? War es der Pfeil? War es der Apfel? Oder war es der Windstoß, der den Käfer dorthin beförderte? Oder war es seine Trägheit, sich nicht schnell genug wegzubewegen? Oder waren die Sterne die Ursache? Schon allein aus normaler, irdischer Perspektive hat jede Sache hunderte von „Ursachen“. Daher spricht man lieber von Korrelation als von Ursache. Aus Sicht des ganzen Universums oder aus Sicht der Unendlichkeit fällt das ganze jedoch zusammen. Es gibt auf dieser Bewusstseinsebene keine lineare Wahrheit oder Ursache-Wirkung.

Und deshalb ist die Frage „warum“ nur für Alltagsdinge nützlich – für spirituelle Zwecke jedoch unbrauchbar. „Warum bin ich krank?“ fokussiert die Aufmerksamkeit nicht nur auf Unerwünschtes (Krankheit), sondern öffnet auch das Tor für Milliarden verschiedener Antworten – und der Verstand liefert sehr gerne die Antworten. Um über den „Mind“ hinauszugehen, zu einem breiteren Zustand, ist es gut, vom Verstand und seinen ständigen Fragen einfach loszulassen und dem Leben, dem Universum, Gott zu vertrauen. Es spielt keine Rolle, warum du krank bist. Äußere nur die Absicht, gesund zu sein.

Einen weiteren Grundstein spiritueller Freiheit legst du, indem du dich entscheidest, fortan liebevoller zu sein und in Momenten, wo du es nicht bist, dich zu verbessern. Dabei ist das Lieblos-Sein weniger ein Problem als der Glaube, du könntest nichts daran ändern. Ich sage bewusst nicht „sei zu allen Menschen liebevoll“, sondern „entscheide dich, zu allen Menschen liebevoller zu sein“. Denn es braucht deinen Entschluss, ein solches Leben zu wählen. Wenn du jetzt fragst „und was hat das für einen Nutzen?“ bist du noch nicht bereit für spirituelle Ebenen, bist du noch stark in der Ego-Welt verhaftet. Das Welt-Ich denkt immer kalkulierend und strategisch, es tut nie etwas einfach nur aus Liebe. Aber die Seele handelt sehr wohl „einfach nur so aus Liebe“, weil ihr an nichts mangelt. Und wenn es an nichts mangelt, hat man viel Geduld, Zeit und Aufmerksamkeit für andere übrig.

Je freier du bist (materiell und spirituell), desto achtsamer und freundlicher bist du. Wenn du durch die Straßen gehst, bemerken dich Menschen? Kennen dich die Leute? Wie reagiert der Bäcker auf dich? Mag man dich? Wenn nicht, dann bist du fast genau wie jeder andere – einfach ein Plebs, unachtsam und durchschnittlich. Oder erinnert sich sogar die Bäckerin an dich und erzählt Geschichten? Wenn der Tag gekommen ist, wo sogar die Bäckerin sich an dich erinnert, das ist der Tag, an dem du als Mensch erfolgreich bist. Wenn jemand von seinem Fahrrad fällt, fühlst du dich persönlich verantwortlich für das Wohlergehen der Person oder schaust du wie der Rest der Fußgänger einfach weg und läufst weiter?

Solche Szenen spielen sich täglich in jeder beliebigen Stadt ab. Die Person, die zur Hilfe eilt, ist zumindest schon mal auf Stufe eins zur Besserung. Dabei geht es auch nicht um das Hilfe-Syndrom. Es geht um Achtsamkeit. Um Interesse an anderen, nicht nur solchen die Hilfe verlangen. Wer richtig achtsam ist, wird auch mal Hilfe verweigern und die Aufmerksamkeit in jemand investieren, der keine Hilfe braucht. Es geht um das Extrovertieren von Aufmerksamkeit auf die Welt. Respektiere alles, was dir begegnet, egal ob du es verstehst oder nicht.

Das Welt-Selbst möchte respektiert und geachtet werden, das Höhere-Selbst respektiert und achtet. Das Welt-Selbst ist fokussiert auf *bekommen* und *nehmen*, das Höhere-Selbst auf *sein* und *geben*.

Links

www.schoepferisches-bewusstsein.de.

www.realitycreation.org.

Weitere Bücher aus dem Bohmeier Verlag von Frederick E Dodson

Reality Creation - Die kontrollierte Erschaffung von Realität
Zauberei auf einem Sklavenplaneten

ISBN 978-3-89094-394-7, 192 Seiten, Softcover, Format DIN-A5

Reality Creation lehrt, dass du selbst tatsächlich und aus eigener Willenskraft jede Realität erschaffen kannst die du willst. In diesem Buch lernst du spezielle Techniken kennen, die so intensiv und wirksam sind, dass sie früher und teilweise heute immer noch, nur unter strengster Geheimhaltung und innerhalb erlesener Kreise weitergegeben werden. Der Zeitpunkt ist gekommen, einige dieser Fähigkeiten zu enthüllen.

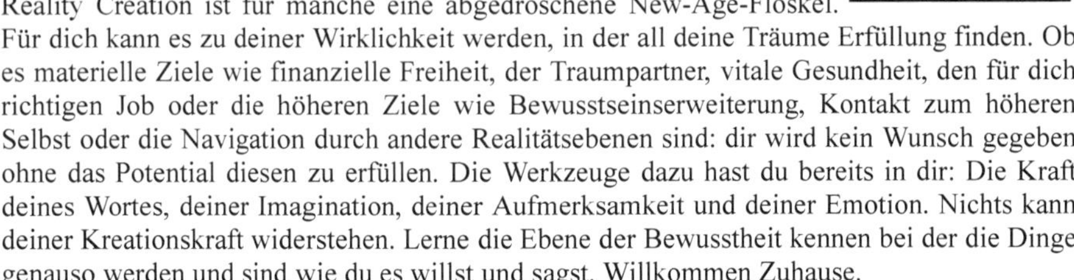

Reality Creation ist für manche eine abgedroschene New-Age-Floskel. Für dich kann es zu deiner Wirklichkeit werden, in der all deine Träume Erfüllung finden. Ob es materielle Ziele wie finanzielle Freiheit, der Traumpartner, vitale Gesundheit, den für dich richtigen Job oder die höheren Ziele wie Bewusstseinserweiterung, Kontakt zum höheren Selbst oder die Navigation durch andere Realitätsebenen sind: dir wird kein Wunsch gegeben ohne das Potential diesen zu erfüllen. Die Werkzeuge dazu hast du bereits in dir: Die Kraft deines Wortes, deiner Imagination, deiner Aufmerksamkeit und deiner Emotion. Nichts kann deiner Kreationskraft widerstehen. Lerne die Ebene der Bewusstheit kennen bei der die Dinge genauso werden und sind wie du es willst und sagst. Willkommen Zuhause.

Reality Creation Coaching
Synchronisiere die Welt nach deinen Wünschen

ISBN 978-3-89094-506-4, 96 Seiten, Softcover, Format DIN-A5

Reality Creation ist die Synchronisation deiner Wünsche mit deinem Glauben, die Materialisierung feinstofflicher Gedanken zu grobstofflicher Form. Deine Werkzeuge hierfür sind Identität, Absicht, Glaube, Aufmerksamkeit, Wort und Emotion. Die Voraussetzungen hierfür sind Spaß und Freude und die Resultate noch mehr Spaß und Freude. Dieses Buch durchbricht die dünne, oberflächliche Schicht des "Alltags" zu einer tieferen, magischeren und umfassenderen Erfahrung der Realität.

Reality Creation für Fortgeschrittene

ISBN 978-3-89094-598-9, 160 Seiten, Softcover, Format DIN-A5

Das Leben ist ein Strom, der immer fließt. Und es wird weiter fließen, ob es dir gefällt oder nicht. Widerstehe dem Fluss und er überwältigt dich. Schwimme mit dem Fluss und du kannst ihn zu deinem Vorteil nutzen. Der Strom floss bereits, bevor du zu ihm kamst, und wird noch lange fließen, nachdem du weg bist. Er erreicht immer genau das Ziel, das für ihn bestimmt ist. Er verzweigt sich zu vielen verschiedenen Strömen, die irgendwann auch wieder ineinander fließen. Jeder der Ströme stellt eine andere Realität dar...

Wenn du über die Analogie des Lebensstroms nachdenkst, gibt es Tausende von Dingen, die du daraus ableiten kannst. Die hier erwähnten sind nur ein paar.

du kannst dich von Wind und Wasser führen lassen. Wenn du deine Realität ändern möchtest, dann ist nur ein klein wenig Steuerung nötig. Für diesen Minimalaufwand habe ich meine Reality Creation Übungen entwickelt...

Dies ist der Folgeband zu dem Buch „Reality Creation Coaching“ von Frederick Dodson und so klar, eingängig und praxisnah geschrieben wie seine anderen Bücher!

Das ultimative Flirttraining – Ein Kurs im Flirten
Ein Trainingshandbuch (nicht nur!) für Männer

ISBN 978-3-89094-356-5, 182 Seiten, A5, Softcover

Sie möchten gerne als sexuell attraktiv gelten und schön, geliebt und beliebt sein? – Oder endlich mal Ihren Partner für's Leben finden? Das ist bei jedem Menschen so! Das Buch offenbart effektive Imaginationstechniken und Übungen, die man nicht nur beim/zum Flirten gebrauchen kann. Aber die weiteren Anwendungspunkte würden wir gerne Ihrer Phantasie überlassen ... Was auch immer Sie sich wünschen: Hier finden Sie alles was Sie dazu brauchen, gehen Sie mit Selbstvertrauen und Spaß auf andere Menschen zu! Die Übungen konsequent durchgeführt, werden Sie sich schon bald nicht mehr vor „eindeutigen Angeboten" retten können.

High werden ohne Drogen – Ein bewusstseinserweiterndes Handbuch

ISBN 978-3-89094-363-3, 208 Seiten, A5, Softcover

Alles, was ein Mensch tut, sagt oder denkt, tut er, um etwas zu fühlen oder um zu vermeiden, etwas zu fühlen. Das Streben nach Ruhm, Reichtum, Liebe, Erfolg, Erleuchtung, Sex läuft letztlich nur auf eine einzige Sache hinaus: Den Seinszustand und die Lebensqualität zu verbessern. Dodson zeigt auf, dass du Bewusstseinszustände und Gefühle, die du dir wünschst, ganz einfach herbeiführen kannst. Sie kommen aus dir selbst und sind nicht von materiellen Objekten der äußeren Welt abhängig. Dein Potenzial ist unbegrenzt, und du erreichst deine Ziele sicherlich leichter, wenn du bereits „high" bist, bevor du deine Ziele erreichst, anstatt das „Highsein" von deinen Zielen abhängig zu machen. In diesem Übungsbuch findest du Techniken, dein Bewusstsein zu erweitern, deinen Seins- und Geisteszustand zu verändern, verschiedene Arten von „High"-Zuständen selbst und ohne Zuhilfenahme von Substanzen zu erschaffen und so auch im ganz normalen Alltag abzuheben und zu fliegen.

Illumination des Träumens

ISBN 978-3-89094-426-5, 152 Seiten, A5, Softcover

Luzides Träumen ist der Fachbegriff für „Wachträume, Klarträume, bewusste Träume, kontrollierte Träume" während des Schlafes. In diesem Buch findest du die inspirierenden Erfahrungen des Autors und mehr als genug Hausaufgaben, um selbst aktiv an dieser erweiterten Dimensionsebene des menschlichen Bewusstseins teilzunehmen. Damit wird die Eroberung deiner Träume zu einem Vergnügen, denn wenn du geistig wach bleiben kannst, während dein Körper schläft, dann ist das „Tor zur Unendlichkeit" für dich geöffnet und du bist eingeladen, hindurchzugehen. Die spirituelle Erfahrung des Lebens eröffnet dir ein ganzes Universum neuer Möglichkeiten: Kreatives und schöpferisches Träumen, Heilungsträume und die Möglichkeit, unbegrenzt durch die Welten atemberaubender Schönheit zu reisen. Darüber hinaus berührt die Fähigkeit magische Erlebnisse wie Astralreisen, Fernwahrnehmung, telepathische Gruppenträume und der Erforschung anderer Bewusstseinsebenen.

Aktuelle Infos zu Neuerscheinungen unter www.magick-pur.de

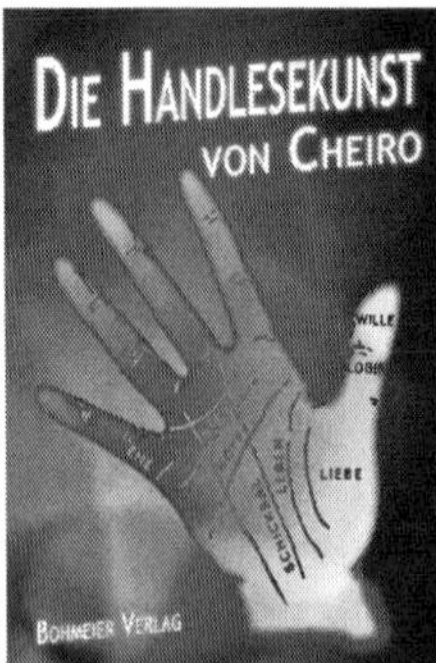
Die Handlesekunst
von Cheiro
Bohmeier Verlag

High werden ohne Drogen
Ein Bewusstseinserweiterndes Handbuch
von Frederick E. Dodson

Krafttiere
Die unsichtbaren Begleiter
Bohmeier Verlag

Das Geheimnis der Dualseelen,
Seelengefährten und Seelengeschwister
Bohmeier Verlag

Des Teufels Apokryphen
Zu jeder Geschichte gibt es zwei Seiten
von John A. De Vito
Bohmeier Verlag

Sternentore
Die rätselhafte sechste Dimension

Die Entsäuerung des Körpers
in 10 Schritten
Der ultimative Jungbrunnen und Schlankmacher!
Das Säure-Basen-Gleichgewicht
Anleitung zur Ausschwemmung krankmachender Säure
Bohmeier Verlag
von Patrizia Pfister

Die geheimen Botschaften,
Manuskripte und Schätze der Templer
in RENNES - LE - CHATEAU
Die Auflösung des kosmischen Geheimnisses
das bisher nur Eingeweihten vorbehalten war
von Monika Hauf

Das Buch der
Werwölfe
von Sabine Baring-Gould
Bohmeier Verlag

Küchenmagie
von Sor. Conata
Bohmeier Verlag